N.-F.-R. CAILLEBOTTE le jeune
:: :: Marchand à Domfront :: ::

LA CHOUANNERIE
dans l'Arrondissement de Domfront

— Publié, pour la première fois, —
avec une Introduction et des Notes

PAR

G. HUBERT

FLERS
IMPRIMERIE FOLLOPPE (GRAINDORGE ET Cie, SUCCESSEURS)
—
1928

LA CHOUANNERIE DANS L'ARRONDISSEMENT DE DOMFRONT

N.-F.-R. CAILLEBOTTE le jeune
:: :: Marchand à Domfront :: ::

LA CHOUANNERIE

dans l'Arrondissement de Domfront

— Publié, pour la première fois, —
avec une Introduction et des Notes

PAR

G. HUBERT

FLERS
IMPRIMERIE FOLLOPPE (GRAINDORGE ET Cie, SUCCESSEURS)

1928

Nicolas, François, René CAILLEBOTTE
dit CAILLEBOTTE le jeune

10 Juillet 1768 — 27 Septembre 1853

D'après un daguerréotype, par M. BEIL, de Mayenne
(Coll. de l'Auteur)

INTRODUCTION

Nicolas-François-René Caillebotte, l'auteur de *La Chouannerie dans l'arrondissement de Domfront*, naquit à Domfront, le 10 juillet 1768, de Pierre Caillebotte et de Renée Niard. Son parrain fut maître Nicolas Le Febvre, et sa marraine, damoiselle Renée Niard (1).

Son père eut neuf enfants, dont cinq moururent en bas âge.

Sa jeunesse s'écoula à Domfront, qu'il ne quitta pour ainsi dire jamais. Après quelques années passées au Collège de la ville, il vint aider son père dans son commerce.

A l'âge de vingt-cinq ans, en janvier 1793, il épousa Marie-Françoise Féron, de Madré (Mayenne), dont la sœur Adelaïde-Françoise épousa, le 21 octobre suivant, son frère aîné, Antoine-Marie-Pierre Caillebotte (2).

Ses deux fils mariés, le père leur abandonna son fonds de commerce de mercerie en gros, de toiles et de draps, leur loua sa maison de commerce, sise « *rue sous les Porches* », moyennant un loyer annuel de 600 livres, et leur vendit même « *la boiseure de leur magasin* ». Les deux frères s'étaient donc associés pour cette exploitation.

De son mariage avec Marie Féron naquirent quatre filles (Gillette ; Marie ; Hortense et Lucie), et trois fils (Paul ; Auguste et Edouard).

Au moment de son mariage, Nicolas Caillebotte signait *N.-F.-R. Caillebotte*, sans faire suivre son nom d'un qualificatif quelconque. Plus tard, pour se distinguer de son frère aîné, il signa d'abord *Caillebotte le jeune*, puis très rapidement et le plus souvent, *Caillebotte l. j.*, tandis que son frère signait *Caillebotte l'aîné*.

Quoique assez timoré, et sans trop manifester ses opinions, Nicolas Caillebotte embrassa le parti de la Révolution. C'était donc un *bleu*. A l'encontre de son frère, plus entier dans ses opinions, il ne se mêla guère aux affaires publiques. Il fut pourtant élu membre du Conseil Municipal de Domfront, le 9 décembre 1792.

D'un caractère beaucoup plus calme que celui de son frère, Nicolas Caillebotte s'occupait surtout des rapports avec la clientèle;

(1) Arch. Munic. de Domfront, actes de l'état civil.

(2) Ils eurent chacun, en dot, une somme de 10.000 livres.

son frère se réservait les achats et la correspondance. Il rédigeait d'ailleurs celle-ci d'une façon qui n'était pas toujours très amène.

Dès qu'il put le faire, Caillebotte le jeune quitta le commerce pour se consacrer uniquement à l'administration de ses propriétés et à l'histoire locale. Il avait voué un véritable culte à sa ville natale, et son histoire le passionnait. Il se plaisait surtout dans la compagnie de ses livres et de ses manuscrits. C'est lui qui fit faire, par un peintre inexpert, les deux intéressantes vues de Domfront que je reproduis au cours de cette étude (1).

Il mourut le 27 septembre 1853, vers une heure du matin, âgé de 85 ans.

Caillebotte le jeune s'était composé une belle collection de livres d'histoire et surtout de manuscrits. Pendant la période troublée de sa jeunesse, il put acheter de nombreuses chartes : ce fut lui qui acheta, au poids, la presque totalité du chartrier de la Chalerie. Quant aux livres, il put certainement faire un choix judicieux dans les diverses *charretées* de livres qui furent amenées dans ses appartements (2).

Son œuvre historique est assez considérable, car outre son histoire de Domfront, on connaît de lui plusieurs autres travaux inédits.

A l'aide de documents, patiemment réunis, il écrivit et publia, sous le titre « *Essai sur l'histoire et les antiquités de la ville de Domfront* », une petite histoire de sa ville natale qui n'eut pas moins de quatre éditions :

Essai sur l'histoire et les antiquités de la ville de Domfront, précédé d'une esquisse historique sur le Passais. Mayenne, Roullois, imp., 1807, in-18. VI-66 pp., tiré à 400 exemplaires.

---

(1) Ces deux toiles sont conservées au château de la Fosse, en Avrilly, et m'ont été gracieusement communiquées par MM. Niclasse et Bosdeveix.

(2) *Le 23 prairial an II* (13 mai 1793), *les livres nationaux furent déposés dans deux chambres qui appartiennent aux citoyens Caillebotte, marchands à Domfront..... dix mille pesants se sont trouvés amoncelés dans les chambres sus dites. Le bâtiment en a visiblement souffert..... tous ces livres nous ont paru de peu de valeur, l'Encyclopédie excepté* (lettre adressée aux administrateurs du département par le Maire de Domfront, le 25 nivôse an IV (15 février 1796). (Arch. dép. de l'Orne).

Essai sur l'histoire et les antiquités de la ville de Domfront, deuxième édition, revue, corrigée et augmentée. Caen, Poisson, imp., 1816, in-18, XII-104 pp., tiré à 600 exemplaires.

Essai sur l'histoire et les antiquités de la ville et arrondissement de Domfront. Domfront, Crestey fils, imp., 1827, in-18, XIV-124 pp., plus un fascicule non paginé intitulé « Chanson bachique de M. B. F. Chapelle d'Halleine ». En juillet 1831, on ajoute aux exemplaires restant à vendre, un fascicule paginé 117-142, terminé par un fascicule non paginé, intitulé « Notes des pages 106 et 110 ».

Essai sur l'histoire et les antiquités de la ville et arrondissement de Domfront, quatrième édition. Domfront, Crestey, imp., 1840, in-18, XIV-128 pp. De même que la troisième édition, cette édition fut tirée à 1.000 exemplaires.

Nicolas Caillebotte se rendait bien compte des imperfections que contenait son *Essai*, et quelque temps après la première édition, il écrivait, le 16 juillet 1809, à M. Toutain-Richebourg, de Montivilliers (Seine-Inférieure), une longue lettre qui peint bien son caractère : « .... *je continue toujours de ramasser tout ce qui a « rapport à notre pays, espérant qu'il se trouvera quelqu'un capable « de donner un bon ouvrage sur notre arrondissement, avec les maté- « riaux que j'aurai recueillis. L'Essai que j'ai lancé dans le Public « en le faisant imprimer, je n'avais d'autres vuës que d'obtenir de « nouveaux renseignements ; je me recommande à vous, Monsieur, et « vous prie, s'il vous tombait quelque chose entre les mains qui « appartiendrait à Notre Pays, de vouloir bien m'en instruire, je vous « serai bien obligé.*

« *Depuis longtemps privé de vos nouvelles, je vous prie de « m'honorer d'une réponse et de me dire franchement les déffauts de « mon Essai. Ils doivent être nombreux, puis que c'est l'ouvrage d'un « ignorant qui ne sait ni le latin ni le français* » (1).

Néanmoins, malgré les critiques, l'*Essai* de Caillebotte est encore ce que nous avons de mieux concernant l'histoire de Domfront. Ce travail est bien supérieur à ceux de ses devanciers et de ses successeurs. Ce petit volume, bourré de faits que l'on cherchérait vainement ailleurs, malgré ses imperfections, je dirai même quelques enfantillages, est toujours consulté avec profit par les historiens du Passais Normand.

Dès 1828, Caillebotte avait décidé d'écrire, non plus un *Essai*, mais bien une *Histoire de Domfront* : il voulait en quelque sorte développer son travail. Ce manuscrit, gros registre, avait pour titre « *Notes et Recherches sur Domfront, 1828* ». En tête du travail étaient ces vers :

---

(1) Communiqué par M. Tournouër.

J'entreprends cette tâche et les fais en tremblant,
Je n'ai que du courage, il faudrait du talent,
Mais dans un tel écueil, l'espoir qui me soulage,
C'est que l'on daigne un jour acheter mon ouvrage.

(*Portraits du Jour*, par M. FLEURIAIS, de Goron, étudiant au Collège de Domfront, de 1780 à 1787).

Venaient ensuite ces vers :

Charade sur le nom de la ville :

Mon *premier*, en Espagne, est un titre honorable,
Sur mon *second* se peint la honte et la pudeur.
Mon *tout* est situé sur un roc effroyable.
Regarde autour de toi, tu me verras, lecteur.

Au cours de la préface qu'il avait écrite pour cet ouvrage, dans son extrême vieillesse, comme l'indiquait la forme tremblée des caractères, il disait :

« A la fin de la première édition, j'ai prié les personnes qui « auraient quelques titres, registres, toutes pièces enfin qui pourraient « avoir quelque rapport à l'histoire du pays, de me les communiquer. Soit « par insouciance, fainéantise ou ignorance, aucuns de mes concitoyens « ne se sont montrés disposés à m'aider. Dans la deuxième édition, « j'ai renouvelé mon invitation et je n'ai pas été plus heureux. Dégoûté « de leur lâcheté, j'ai jeté au feu des pièces qui auraient pu leur être « utiles ».

Ce travail était extrêmement intéressant pour l'histoire du pays, car il comprenait nombre de choses inédites. Caillebotte avait noté au jour le jour des renseignements que l'on chercherait vainement ailleurs. Il écrivait encore sur ce registre en 1848 !

Il note la découverte, le 1er mars 1844, dans le chemin de Livet, d'un sarcophage en pierre que l'on crut contenir les restes de l'ermite saint Front (1) ; le 9 août 1842, l'écroulement de la tour des Barbacanes (2) ; en 1847, l'établissement des réverbères à Domfront ;

---

(1) Mais il passe sous silence que ce sarcophage, très probablement de l'époque du bronze, fut inhumé à nouveau, sous le socle de la croix qui se trouve à l'endroit dit « *la Croix-des-Landes* ».

(2) Cette tour se trouvait entre la tour du Nord et les deux tours de la porte de Godras, à peu près à l'endroit où existe actuellement le pont qui conduit au Champ de-Foire.

en 1848, le rétablissement du tombeau dit de Guillaume de Bellême (1), etc., etc.

Mais ce travail ne formait pas un tout : quelques parties, seulement, furent largement traitées. Les principaux chapitres qu'il écrivit sont les suivants :

Introduction sur le Passais.
Histoire de Domfront, de 540 à 1770 (partie militaire).
Notes diverses sur Domfront et les pays circonvoisins, connu sous le nom de Passais Normand, et formant aujourd'hui le premier arrondissement du département de l'Orne.
Etablissements religieux de Domfront-en-Passais.
Notes sur l'arrondissement de Domfront, etc., etc. (2).

Ce manuscrit considérable est aujourd'hui disparu. Les parties essentielles en furent copiées par l'abbé Guillou, originaire de Domfront, et ami de la famille de Caillebotte, dans un gros registre qu'il avait intitulé « *Recherches historiques sur Domfront* » (3).

Il existait également un *livre de raison*, aussi disparu. Divers feuillets, seuls, ont survécu. Ils contiennent des renseignements intéressants pour l'histoire du pays et la famille de Nicolas Caillebotte (4).

---

(1) *Cf.* à ce sujet : G. HUBERT. *Le tombeau dit de Guillaume de Bellême dans l'église Notre-Dame-sur-l'Eau de Domfront, in* bull. *Soc. Ant. Norm.*, T. XXXV, pp. 226-234. et tir. à part.

(2) Il terminait ainsi son manuscrit :

« Le présent registre a été écrit par moi, Nicolas, François, René « Caillebotte, né le 10 juillet 1768. C'est à l'âge de 60 ans que j'entre- « prends ce travail qui ne sera d'aucune utilité à mes descendants, mais, « dit Boileau, 8e satire :

« C'est mon plaisir, je veux me satisfaire,
« Je ne puis bien parler et ne saurais me taire ».

Chacun a dans la vie
Son genre de folie.

(3) L'abbé GUILLOU (Gustave-Adolphe), né à Domfront, le 15 octobre 1817, ordonné prêtre le 1er juin 1844, mort curé de Vieux-Pont, le 8 janvier 1887, à l'âge de 70 ans. Le manuscrit 18 de la coll. Blin, au Grand Séminaire de Séez, forme un gros recueil de 370 pp. écrites recto et verso, intitulé « *Recherches historiques sur Domfront par M. Guillou, curé de Vieux-Pont* ». Contrairement à ce que je pensais, l'abbé Guillou n'avait aucun lien de parenté avec Caillebotte, il n'avait seulement que des liens d'amitié avec toute sa famille.

(4) Communiqués par MM. Niclasse et Bosdeveix, propriétaires du château de la Fosse, en Avrilly.

Une lettre de M. Urbain Patou, petit-fils de Caillebotte, adressée à Hippolyte Sauvage, contient le passage suivant : « ..... *Ce que Mr Guillon possède, c'est la copie d'un manuscrit « inédit de Mr Caillebotte, qui a dû lui être très exceptionnellement « confié par celui de nos parents qui en est le possesseur. J'ignore « moi-même le contenu de ce manuscrit qui est tenu secret. Le motif « qu'on donne de cette précaution me ferait supposer qu'il est traité « dans ce travail de faits relativement récents, susceptibles de froisser « des personnes encore existantes ou leurs descendants, tels que la « guerre des chouans dans notre pays, par exemple, mais ce n'est de « ma part qu'une supposition* » (1).

Je ne sais à quel travail de Caillebotte M. Patou veut faire allusion en cette lettre. En tous cas, ce travail m'est totalement inconnu.

Le dernier travail de Caillebotte le jeune est celui que je publie aujourd'hui, pour la première fois. Il l'avait lui-même intitulé « *La Chouannerie dans l'arrondissement de Domfront* ».

Ce travail est bien un *tout*, destiné à être imprimé tel quel, et non un *journal*, comme on s'est plu à l'appeler. L. de la Sicotière, qui y fit de larges emprunts, l'appelle toujours « *journal manuscrit de Caillebotte le jeune* ». C'est une erreur, car Caillebotte écrivit cette histoire de la Chouannerie bien longtemps après les événements.

Le manuscrit original, qui était passé, par héritage, entre les mains de M. Urbain Patou, est aujourd'hui disparu. J'en suis la trace jusqu'en 1905, et c'est vers cette époque qu'il dut être prêté à nouveau et ne pas être rendu à son propriétaire, qui le prêtait très libéralement. Les papiers et notes de Caillebotte le jeune, ainsi que tous les documents qu'il avait réunis — et ils sont nombreux — furent légués par M. Urbain Patou aux Archives départementales de l'Orne. Ils furent classés, à ce moment, par L. Duval, et répartis, par ses soins, en quatre liasses, qui forment le fonds Caillebotte.

Une de ces liasses porte le titre « *Personnel des Chouans* ». C'est là que l'on trouve tout ce que Caillebotte avait recueilli sur la chouannerie. Cette liasse, qui devrait renfermer le manuscrit original de *la Chouannerie dans l'arrondissement de Domfront,* ne le contient pas. En revanche, elle contient tous les documents *officiels* sur les pertes occasionnées par la guerre civile, ainsi que quelques notes et documents qu'il avait utilisés pour son mémoire. Ce manuscrit ne fut donc pas légué aux Archives de l'Orne. Il était

(1) Coll. G. Hubert.

déjà disparu au moment de la mort de M. Patou. Heureusement, plusieurs copies du travail de Caillebotte existent encore (copies contemporaines faites sur l'original) et nombre d'entre elles ont été consultées pour cette édition. Quelques légères erreurs de l'auteur ont été rectifiées au moyen des papiers Caillebotte des Archives départementales de l'Orne.

Comme je le disais plus haut, et j'insiste sur ce fait, ce travail n'est pas un *journal*. Pour le rédiger, Nicolas Caillebotte a fait appel à ses souvenirs, aux notes qu'il avait prises et à celles qu'il avait consignées sur son *livre de raison*. Il consulta les *Mémoires* de Billard de Veaux, qui parurent en 1832 ; les mémoires manuscrits de M. Dumesnil, chirurgien ; il les cite, d'ailleurs. Certains passages me donnent à penser qu'il interrogea quelques-uns de ceux qui furent mêlés à ces luttes fratricides.

Tous les historiens de la chouannerie dans le Passais Normand ont fait de larges emprunts à ce travail, comme ils en ont fait à celui de son frère, que j'espère également publier. Les faits relatés par Caillebotte sont donc connus ; seul, l'ensemble est inédit.

Vus par l'auteur, dont les opinions, comme celles de son frère, étaient nettement républicaines, les événements qu'il narre ne le sont pas toujours avec impartialité. C'est un sentiment humain qu'il faut excuser chez lui : il était commerçant, la chouannerie venait entraver son commerce, rien de plus naturel qu'il ne l'aime pas et que, quelquefois, il se fasse l'écho de bruits malveillants.

Ce travail est-il une histoire complète de la chouannerie dans l'arrondissement de Domfront ? Oh non, car il passe sous silence bien des événements. Mais on trouve chez lui des renseignements qu'on chercherait vainement ailleurs.

Pour annoter ce travail, ou mieux, pour compléter les renseignements qu'il donne, je me suis servi des Mémoires de Billard de Veaux (1), de l'ouvrage de L. de la Sicotière (2), des Mémoires de *Michelot* Moulin (3), de *Michel* Guesdon (4), et surtout

---

(1) *Mémoires de* Billard de Veaux *(Alexandre), ou biographie des personnes marquantes de la Chouannerie et de la Vendée.* Paris, Lecointe et Pougin, 1832.

(2) L. de la Sicotière. — *Louis de Frotté et les insurrections normandes, 1793-1832.* Paris, Plon-Nourrit, 1889.

(3) *Mémoires de Michelot* Moulin *sur la Chouannerie normande.* Publiés par la *Société d'Histoire contemporaine*, Paris, Picard, 1893.

(4) Abbé Macé. — *Le major Michel* Guesdon, *d'après ses mémoires.* Bull. *Société Historique de l'Orne*, T. XV, 1896, p. 272 et sq. et tir. à part.

des registres de correspondance et procès-verbaux des divers organismes administratifs de l'arrondissement de Domfront pendant la Révolution.

Je me suis bien gardé de vouloir faire de cette publication (malgré la longueur des notes) une étude de la chouannerie dans l'arrondissement de Domfront : je n'ai eu simplement en vue que la publication du travail de notre vieil historien domfrontais, resté trop longtemps manuscrit, en évitant même de coordonner les événements entre eux.

***

Le caractère primordial des travaux de Caillebotte le jeune est la *concision*. Il narre les événements auxquels il a assisté, dont il a entendu parler, ou dont il a vu quelque part une relation, avec le minimum de mots.

La *forme* laisse également beaucoup à désirer. Tous ses travaux sont faits sans aucun plan.

Une des meilleures critiques des travaux de Caillebotte est celle donnée par Appert et de Contades :

« L'Essai sur l'Histoire et les antiquités de Domfront est assurément bien imparfait, mais il relate un grand nombre de faits intéressants pour notre histoire locale, qui eussent été, sans lui, oubliés. D'ailleurs Caillebotte, saisissant fort bien ce que son œuvre avait de défectueux et d'utile, a pris soin, en tête de ses diverses éditions, de la justifier en ces termes :

« Souvenez-vous, lecteur indulgent, qu'un essai n'est pas un chef-d'œuvre :

« **Qu'il n'y a livres si parfaits**
« **Où vous ne trouviez à reprendre,**
« **Qu'il n'en est point de si mal faits**
« **En qui vous ne puissiez apprendre.**

« Et il y avait certainement beaucoup à apprendre et beaucoup à retenir dans le petit essai historique de l'auteur Domfrontais » (1).

Et pourtant nombre d'auteurs se sont acharnés à critiquer Caillebotte et ses œuvres, d'autant plus que, si le bonhomme n'avait pas la répartie aussi vive que son frère Antoine, il ne se laissait pas critiquer impunément.

---

(1) J. Appert et G. de Contades. — *Bibliothèque Ornaise. Canton de Domfront. Essai de bibliographie cantonale.* Paris, Champion, 1887, pp. 24-25.

Travers (1), dans un petit opuscule anonyme, maltraita durement Caillebotte en ces termes :

« Comme je revenais à l'Hôtel ou plutôt à l'auberge où j'avais laissé mon cheval, je vis, sur un contrevent, une belle affiche portant en gros caractères : « *Essai sur l'Histoire et les antiquités de la ville et arrondissement de Domfront* ». Une servante, narquoise, qui était sans doute à l'affût, m'ouvrit aussitôt une porte par laquelle je ne voulus pas entrer. — Mais, Monsieur, disait-elle, c'est ici que se vend l'ouvrage; je suis la servante de M. Caillebotte. — Qu'est ce que M. Caillebotte ? — Comment, vous ne connaissez pas M. Caillebotte le jeune ? — Pas plus que l'aîné ! — L'aîné, je ne dis pas, mais le jeune, c'est l'auteur. — De l'histoire de Domfront ? Que voilà. Tenez, Monsieur, ce n'est pas cher, dix sous ! et nous en avons de reliés. — M. Caillebotte est-il ici ? — Pas en ce moment, mais ça ne fait rien, madame est autorisée à vendre en l'absence de son mari. Madame Caillebotte ! Madame Caillebotte ! — Une grosse maman parut et me confirma ce que m'avait dit la servante : M. Caillebotte n'était pas chez lui, et l'on m'invitait à prendre un exemplaire de son livre. Je le payai de grand cœur, et je m'en allai le feuilletant avec surprise. M. Caillebotte dit, page 55 : *aucun édifice ne mérite d'être cité*. Ainsi, quand tout est remarquable, rien ne se remarque ! Il ajoute que tous les porches ont été clos ou supprimés : il en existe encore presque à sa porte ! L'origine du fameux proverbe lui est inconnue, et un enfant la sait ! Pauvre M. Caillebotte, narguez vos critiques ! votre petit livre est à sa troisième édition ! »

L'auteur donne ensuite quelques lignes sur Domfront, assez amusantes, et qui méritent d'être rapportées :

« . . . .Il n'est pas de même de son esprit patriotique : il est avancé et prononcé. Là, le libéralisme domine, l'absolutisme y a fait son temps. Il paraît que les batailles électorales s'y livrent avec plus de chaleur qu'en aucun lieu de la Normandie... ».

***

Mais revenons à notre historien. Caillebotte, ai-je dit plus haut, connaissant fort bien les défauts de ses travaux, n'hésitait pas à répondre à ses critiques, et l'un de ceux-ci, piqué au vif par une de ses reparties, fit son portrait, en ces vers mirlitonesques, qui

(1) *Excursion dans le nord du Passais Normand*, par un membre de la *Société des Antiquaires de Normandie*. Paris, Derache, 1838.

termineront cette petite notice sur la vie et les travaux de Nicolas Caillebotte :

. . . .
. . . .
. . . . . . de l'auteur, entre nous, la tournure
Compte parmi nos antiquités,
Et l'on ne peut oublier sa figure
Dans le tableau de nos antiquités.
. . . .

LIBERTÉ, EGALITÉ,

RATERNITÉ, OU LA MORT.

N.-F.-R. CAILLEBOTTE le jeune
:: :: Marchand à Domfront :: ::

LA CHOUANNERIE DANS L'ARRONDISSEMENT DE DOMFRONT

J'ai vu des deux côtés la fourbe et la fureur.
(HENRIADE, chant II).

Pendant les troubles, les habitants de Domfront, toujours calmes et soumis aux lois, ont eu à maintenir la tranquillité dans leur Cité et la faire respecter de leurs ennemis.

Les premiers crimes, dont les habitants des campagnes furent les victimes, ont été commis par des étrangers connus sous le nom de Chouans, qui y ont apporté la terreur et assassiné plusieurs particuliers.

La différence d'opinion, la réquisition, une jeunesse égarée, des déserteurs qui préféraient une vie vagabonde à aller cueillir des lauriers et mourir au Champ d'Honneur, l'appât du pillage, du libertinage, des vengeances particulières, tout cela concourut à grossir ces bandes ; elles étaient dirigées et commandées par des prêtres et des nobles, ennemis de l'Egalité et proscrits. Des voleurs, connus sous le nom d'armée du Bissac (1), pillaient et volaient pour leur compte particulier.

Ces désordres en occasionnèrent d'autres ; le Gouvernement envoya des troupes pour détruire ces brigands. Elles ne respectèrent pas plus les propriétés que leurs ennemis et contribuèrent à la ruine des campagnes.

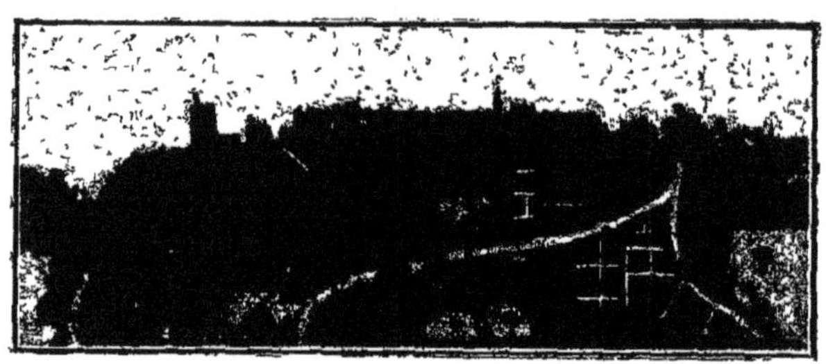

Domfront au début du XIXe siècle, face Sud
(Remarquer la Porte du Château, le Fossé-Plisson)

On vit, à la tête des Chouans et des troupes, des ministres d'un Dieu de paix oublier leur caractère sacré, commander le meurtre et l'assassinat (2).

Les troubles furent toujours en augmentant ; les propriétaires aisés et les acquéreurs de biens nationaux ne se croyant plus en sûreté dans les campagnes, se réfugièrent dans les villes, par la crainte d'être assassinés, mis à la contribution ou forcés de servir dans ces bandes. La bravoure des Chouans se fit voir dans bien des occasions. On les vit souvent, la nuit, assiéger la chaumière du paisible laboureur, l'arracher de son lit, où il se reposait des fatigues de la journée, le conduire, tout nu, dans un chemin voisin, et, là, l'assassiner à coups de hache ou de bayonnette ; d'autres ont été forcé de creuser leur fosse avant d'être égorgés par ces barbares ; voilà les hauts faits des Chouans de notre pays, qui, en faisant la guerre aux volailles et aux jambons des bonnes gens de la campagne, égorgeaient au nom de la Religion et du Roi qu'ils déshonoraient par leurs crimes et leurs brigandages. Une chose affligeante, c'était de voir, dans ces bandes de Brigands, des personnes proscrites par les lois sur l'émigration, dans les familles desquels l'honneur et la probité étaient héréditaires.

Ce fut le mercredi 22 juillet 1789 [3] que l'on commença à se ressentir de la commotion générale que l'on éprouvait en France. Le sieur Coupel-Coulonche étant à la halle, fut invité par Racine [4] (perruquier fameux) de prendre la Cocarde, ainsi que tous les habitants qui l'avaient fait cinq jours avant ; il s'y refusa, disant qu'il était noble, qu'il soutiendrait ses privilèges, et qu'il aimait mieux passer en Angleterre que de faire ce qu'on lui demandait. Il tira de sa poche un pistolet, et de l'autre son couteau de chasse ; il voulait braver les spectateurs. Le peuple s'irrita et voulut s'en saisir. Le Brigadier de la Gendarmerie écarte les plus entêtés ; le lieutenant général fait entrer le Gentilhomme chez M. Queudeville [5] ; la fermentation se modère, mais ce ne fut pas pour longtemps : le peuple, indigné contre notre sieur Coupel, qu'il regarde comme un accapareur de grains [6], se rend chez lui ; on lui enlève son grain que l'on dépose à l'hôtel de Ville, où il est délivré au peuple aux prix de 24 ll. le blé et de 15 ll. le sarrasin. Ceux de sa sœur, Vve Joré-Lagrette, furent vendus de même.

Ce même jour, les registres du Bureau de la régie furent enlevés et déposés à l'hôtel de Ville. Dès ce moment, toute perception fut interrompue [7].

Le Bon, Juge de Paix d'Athis, dont les qualités répondaient au nom, fut la première victime de ces barbares, qui lui coupèrent la main droite, puis la gauche, ensuite les deux jambes, et firent traîner, par un cheval, son corps sur les souches d'un taillis nouvellement coupé.

Ferrare dit Fourmond, Fouilleul–Pérouinière, Royer-Montrobert et Guesdon, marchands à Mantilly, allant à Fougères acheter des bœufs, furent volés. Fourmond et Fouilleul furent assassinés ([8]).

Lemonnier, marchand à Mantilly, fut assassiné près Veaucé, le 12 brumaire an III ([9]). Julien Boueda fut emmené par les Chouans, qui l'assassinèrent près de Rubesnard ([10]).

Le 1er février de la même année, Hamard de Saint-Roch, réfugié au Bourg de Saint–Front, assassiné par les Chouans ([11]).

Le 13 du même mois et de la même année, une troupe d'hommes masqués et armés se portèrent, dans la nuit, chez Malzi, au Fougerai, en Saint-Roch, et chez Hamard, à l'hôtel Ruault, et s'emparèrent des armes ([12]).

Trois jours après, la maison de Beauregard ([13]) fut investie, quatre hommes armés et masqués y entrèrent ; le reste de la troupe cernait la maison ; ils prirent les armes du sieur Le Bigot. La nuit suivante, une troupe plus nombreuse et armée de fusils, de munitions, revint dans cette maison pendant une heure, fouilla et prit ce qui lui convint.

Le 16 pluviôse de la même année, une compagnie de Chouans se rendit, sur les 8, 9 heures du soir, chez le sieur Ramard ([14]), à la Brillardière, en Mantilly, jour de ses noces, enlevèrent le fricot, maltraitèrent les conviés, leur coupèrent la moitié des cheveux. De là, furent chez Cousin, huissier, où il s'engagea une fusillade. Les Chouans qui assiégeaient sa maison perdirent un homme. Irrités de cette résistance, ils mirent le feu à la maison. Les assiégés sautèrent par les fenêtres, quelques-uns se sauvèrent ; de ce nombre fut le Landais, de Domfront, mais le malheureux Cousin fut tué sur le bois de la Morinière, et Joubin Lépine, dans le village de la Bagotière.

1795. — Le Bricq, perruquier à Domfront, fut assassiné en la commune d'Avrillé, près le Mont-Margantin, par

Saint-Paul Lingeard, surnommé, d'après Alexandre Billard, le bourreau de l'armée. Il était armé du poignard ([15]).

Le 11 germinal an IV, les Chouans assiégèrent Tinchebray ([16]), quoique vaillamment défendu par une compagnie du 2e bataillon des Vosges (en garnison à Domfront), commandés par le lieutenant Valentin ; quatre-vingt-quatre maisons furent la proie des flammes. Les Chouans se retirèrent avec sept à huit voitures de tués et de blessés. Foucault, de Tinchebray, qui, le premier, mit le feu à la Ville, en a été récompensé par une perception.

« Aimons notre pays, et que le Ciel maudisse
« L'ingrat enfant qui bat le sein de sa nourrice ».

CHANSON SUR LE SIÈGE DE TINCHEBRAY

(11 Germinal an III, 31 Mars 1795)

Ce fut le onze Germinal,
Que nous vîmes l'armée royale,
Qui défilait par colonne,
Croyant par là nous faire peur,
Mais ils ont vu que nous sommes
Des soldats qui n'ont pas peur.

La sentinelle du clocher,
D'abord les vit arriver,
Aussitôt on crie « Aux armes ».
Aux redoutes on se plaça,
Et sans faire aucune alarme,
Petit et grand se montra. *(bis)*

A la redoute de Mortain,
La bataille se mit en train ;
Aussitôt le feu s'engage,
Chacun montre sa valeur.
Dieu ! Quel horrible carnage !
Blondel crie : à moi, chasseurs ! *(bis)*

Blondel, dès en arrivant,
Ordonna bien promptement,
Qu'on sonne de la trompette,
Qu'on misse le feu partout,
Que les Chouans les plus alertes
L'allumassent aux quatre bouts. *(bis)*

Mais les chasseurs du bon Roi
Aiment trop leurs intérêts
Pour laisser dedans les flammes,
Brûler de si bons butins.
D'ailleurs ils sauvent leurs âmes
En grillant les républicains. *(bis)*

Tout le monde s'écrie tout à coup :
Voilà le feu qui est chez nous ;
Qu'importe ! que l'on se batte,
Qu'on fasse une boucherie
De ces gueux d'aristocrates
Qui veulent nous ôter la vie. *(bis)*

Charrette, ce grand général,
N'était qu'un pur animal,
Car enfin il s'est fait prendre.
Pour payer tous ses forfaits,
Nous pourrons bien entreprendre
Blondel et tous ses sujets. *(bis)*

Tous les Chouans de ce pays
Veulent la religion rétablie.
Ils ont de bonnes carabines,
Des poignards à leurs côtés,
Des chapelets de bonne mine,
Pour remettre la Chrétienté. *(bis)*

Il fallait voir Valentin,
Toujours le fusil en main,
En visitant les redoutes,
Et disant n'ayons pas peur,
Ce sont des foutus Jean-foutre,
Montrons donc notre valeur. *(bis)*

Vers onze heures, le feu cessa,
L'armée royale se retira,
Avec sept à huit voitures,
Chargées de morts et de blessés.
Amis, voilà la capture
Qu'ils ont faite à Tinchebray ([17]) *(bis)*

(Ici, en marge du manuscrit de Caillebotte, on lit) : Incendie de l'Eglise de Chanu par les Chouans, pendant le siège de Tinchebray, 1795 ([18]).

— 21 Prairial an III, sur la route de Flers à Condé, furent assassinés, par les Chouans, Denis Duhamel, de Saires, Ngt, les capitaines Guérin des Jardins père et fils ([19]).

Les capitaines Loraille, Gouadonnière : Anne, Henri, François Dupont, sieur de Loraille ([20]), chez le prêtre ([21]) et Courteille ([22]).

— Saint-Roch ([23]). Au 2e jour complémentaire an III, J. N. C. Le Génissel Lécusson d'Avrilly, juge au Tribunal d'Alençon, fut chercher la mort dans cette commune, où Saint-Paul Lingeard ([24]) l'assassina après avoir dîné ensemble à la Fosse ([25]).

— A Champsecret, Masseron la Joie ([26]) pris dans son lit, à côté de sa femme prête d'accoucher, conduit dans la forêt, où il reçut trente-deux coups de poignard. Galéry-Lair du Bois ([27]), voyant ce malheureux encore en vie, pour mettre fin à ses souffrances, l'acheva d'un coup de pistolet ([28]).

Les Chouans firent contribuer Mme Veuve Hardy-Normanderie d'une somme de 600 francs et s'emparèrent du cheval de son fils.

— Brumaire an IV, Le Teilleul, défendu par 108 soldats, et les habitants attaqués et brûlés par 1.500 Chouans ([29]).

— Le 11 Brumaire an IV, les Chouans assassinèrent Labbée, cultivateur à la Gélinière, en Lonlay ([30]).

— Dans la nuit du 4 au 5 pluviôse an IV ([31]), Jean Lahaye Mérille, de Saint-Front, dit le Capitaine Beauregard bon bougre, fut chez Brice Renault, à la Cousinière, acquéreur de biens nationaux, qu'il assassina à coups de hache, ainsi que le père dudit Renault; entra chez Pétron, maréchal à Bazeille, lui demanda 150 ll. pour les dixmes et l'assassina à coups de hache. Chez Poussier, au Tertre, même commune, obligea le père Poussier de se lever et l'assassina à coups de hache ; ensuite vola quatre bœufs et deux chevaux ; de là fut à Céaucé, où il conduit le père et les fils Boudonnet dans un pré, sur le bord de la rivière, les a tués et jettés à l'eau, a ensuite assassinés le père et les fils Boudonnet, fermiers à la Simonerie, en Céaucé, les a conduits au village de la Pierre, où il les a assassinés ([32]).

Arrêté à Paris, muni d'un poignard caché dans la manche de sa redingote, comme complice de conspiration, a été condamné le 6 messidor an XII [33], et guillotiné le même jour, à 11 heures du matin, à l'âge de 28 ans.

— Au commencement de ventôse de l'an IV [34], les Chouans de Bretagne passèrent en Normandie et augmentèrent, dans notre arrondissement, le nombre des brigands; ils s'organisèrent dans la forêt d'Andaine et aux environs de Tinchebray ; ils s'assemblèrent au nombre de huit cents qui se portèrent sur Briouze et La Ferté-Macé, d'où ils furent obligés de se retirer après avoir brûlé la maison du capitaine Lemonnier-Gérardière, et tué plusieurs personnes. Quelques jours après, au nombre de neuf cents, ils s'emparèrent de Briouze, où il n'y avait que 15 hommes de troupe, qui, avec les habitants, ne cessèrent de faire feu tant qu'ils eurent des munitions ; dix militaires périrent dans cette affaire ; un sergent périt dans l'incendie du Château ; les Chouans perdirent 150 hommes [35].

— Le 16 ventôse, dimanche au matin, la colonne de Gorron trouva les Chouans à Lépinay [36], le feu dura plus de deux heures ; il avait commencé à 5 heures 1/2 du matin, les patriotes mirent en déroute leurs ennemis, quoique ceux-ci fussent quatre contre un. Une colonne partit de Domfront le même jour et arriva trop tard dans le canton de Passais. Ils ont tué à Passais, Lhomer des Aunais, chirurgien, et Ivon fils et Tabarait [37], Md, qui fuyait ; à Veaucé, un jeune homme de la réquisition qui était chez l'officier public pour son acte de mariage.

Lorsque les Vendéens arrivèrent à Mayenne [38], on fit partir de Domfront la caisse du Receveur particulier et on la dirigea sur Falaise, en passant par Flers [39]. Des séditieux voulurent s'en emparer ; il en résulta une petite insurrection, qui, dès le soir même, fut sévèrement réprimée par la force armée venue de Condé : quatre [40] des principaux chefs furent condamnés à mort, dont deux contumaces, et deux autres eurent la tête tranchée à Alençon [41]. Par la suite, les deux contumaces furent amnistiés comme

Vendéens. Cette insurrection fit perdre à Flers son titre de chef-lieu de canton qui fut transféré à La Carneille jusqu'à l'an X où il fut supprimé par arrêté des Consuls. Une ordonnance du 28 juin 1826 rétablit le canton de Flers qui fut composé de 13 communes Dans le principe, il n'en comptait que onze.

(Mémoire de Monsieur Duménil, chirurgien)

— Floréal [12] an IV, dans la nuit du 3 au 4, Jeanne Pernelle et Henry Menuel, boucher, furent assassinés par

Domfront au début du XIXe siècle, face Nord
(Remarquer les Clochers fantaisistes du Collège, et celui de l'Abbaye Saint-Antoine, ainsi que la porte de la Poterne, dont le cintre est démoli).

les Chouans de la compagnie de l'abbé Brionne. Ils coupèrent les seins de Jeanne Pernelle.

— 26 septembre 1795 [13]. — Affaire de Saint-Jean-des-Bois, entre la colonne de Toussaint, nos habitants et les Chouans [14].

— 2 février. — Affaire de Landisacq [15].

— 1796. — Affaire de La Lande-Patry [16].

Après l'affaire de Saint-Jean-des-Bois, au château de Torchamp, où était M. de Frotté et son état-major à souper, une colonne partie de Domfront surprit les Chouans. Il n'y eut ni tué ni blessé, seulement les Chouans évacuèrent à jeun. La colonne attaqua par devant, ils se retirèrent par derrière le château ([47]).

— Affaire de Veaucé, 30 vendémiaire an IV. La colonne de Toussaint mit les Chouans en déroute ([48]).

Le Marquis de Montécot Levaré, émigré, repassa la mer et vint commander les Chouans à Goron. Dès son début, il fut surpris à Saint-Siméon, eut plusieurs hommes tués et reçut deux coups de feu. Il se contenta avec cela et ne reparut plus armé *(Mémoire de Billard, p. 272 du Tome III)* ([49]).

Cinq ou six soldats du Bataillon de Cambrai, en garnison à Domfront, ont été tués, en faisant patrouille sur la route d'Alençon, à Saint-Vincent, en face de la terre de M. de la Brosse, par dessus la haye ([50]).

— Le 7 ventôse an IV ([51]), les Chouans assiégèrent La Ferté-Macé et furent forcés à faire retraite ([52]).

D'après les renseignements pris par l'administration d'alors, on évaluait à 360 le nombre des Chouans de l'arrondissement et à 500 le nombre des assassinats commis par eux ([53]).

— Le 14 juillet 1796, la colonne mobile du Teilleul a rencontré les Chouans au-dessous de la Chapelle de Rubénard ; une fusillade s'est engagée, un homme de la colonne est resté sur place ([54]).

Michel Radigue, sergent-major de la colonne mobile, assassiné par les Chouans, à Magny, le 24 vendémiaire an VIII ([55]).

Le 28 vendémiaire an VIII, la caisse de Nugues, Percepteur à Halleine, fut enlevée par force ([56]).

Le 15 nivôse an IX, sept à huit Chouans entrèrent chez Dumenil Bonhomme, à Saint-André et le volèrent ([57]).

Pluviôse an IX, la caisse de Julien Poidvin, Percepteur à Lépinay, fut enlevée de force la nuit ([58]).

5 pluviôse an VII, affaire à Magny ([59]).

Les Chouans disposaient les clous de leurs souliers d'une manière particulière et propre à se reconnaître entre eux à la trace de leurs pas.

Assassinat de Madeline ([59 bis]), adjoint de Montsecret, par les Chouans qui lui volèrent une valeur de 10.000 francs.

De Louvel Lamotte, chef de bataillon, dont le pillage fut évalué à 8.000 francs ([60]).

— 1799. — Les Chouans assiégèrent des militaires casernés à Couterne et mirent le feu à la maison dont la perte fut estimée 3.500 francs ([61]).

— Affaire à Montsecret dans laquelle Alexandre Billard fut blessé ([62]).

Le Herpeur des Moulins de Lisieux ([63]), commis aux aides à Domfront, s'associa avec un nommé Hébert, de Saint-Front et commirent plusieurs brigandages nocturnes, firent contribuer, etc., et terminèrent leurs jours sur l'échafaud à Alençon, en l'an IX.

Pendant les troubles, trois colonnes mobiles ont successivement parcouru l'arrondissement.

La première composée de 100 hommes du 2e bataillon des Vosges, en garnison à Domfront, commandée par le Capitaine Toussaint, n'a jamais été battue ([64]).

La deuxième du bataillon de la Nièvre, ci-devant Penthièvre, commandée par le Capitaine Michelet, n'a pas toujours été aussi heureuse.

La troisième, formée des jeunes gens de la ville et de l'arrondissement, commandée par Victor Bertrand Lhodiesnière et le Capitaine Dufay Pourcelière.

La quatrième, composée de 64 hommes du dép. (an VIII) ([65]).

Athis avait une colonne mobile.

Il y a eu des camps en différents lieux et à diverses époques sur le Montmargantin, au Chatelier, à Tessé, au Val de Préaux, à La Ferté, à Sept-Forges ([66]).

An VIII. — Forte colonne commandée par le Général Gardanne.

— Forte colonne commandée par le Général Chamberlac.

— Forte colonne commandée par le Général Guidal.

Ces colonnes, dans leurs tournées, ont fusillé des Chouans et des innocents.

Fin de pluviôse an IV, Madeline Pichardière, riche, jeune et aimable, Md de clous à Chanu (67).

Desjardins, Md voiturier, bon garçon, tué en fuyant à Chanû (67).

Au Housseau, Jean Hairie, Curé, qui avait été deux ans patriote et n'avait retracté son serment que par la crainte des Chouans, fusillé dans le cimetière de Saint-Denis en 1792. Il était âgé de viron 60 ans. On lui trouva sa rétraction (68) dans sa poche (69).

Le Curé de Saint-Jean-des-Bois (70).

— Ventôse. — Lambert Coupelière, bouilleur à Saint-Marc, avait deux fils chouans. Le jeune fut fusillé en 1796, comme on le conduisait de Laval à Rennes (71).

— Bouvet, notaire à Saint-Roch, pour avoir ramassé des prêtres réfractaires (72).

— Genvrin, de La Chapelle-Biche, chouan pris les armes à la main (73).

— Tablet (74), Prêtre de La Lande-Patry, qui avait sur lui des enrollements pour les Chouans.

— 1799. —Bougiard aîné, garde général, tué dans la forêt, dans l'exercice de ses fonctions, dans une rencontre avec Alexandre Billard (75).

— L'abbé Lafosse-Livonnière assassiné à Martigné.

— La commission militaire séant à Domfront, a fait fusiller un malheureux vieillard de la paroisse de l'Epinay; Graindorge de Veaucé, dit la Grenade, et un nommé Paillard, dragon surpris à Veaucé (1796). L'un et l'autre furent fusillé à Domfront (76).

— Le 8 mars 1815, Saint-Paul Lingeard, ancien chef de Chouans, commissaire du Roi, passa à Domfront, les Chouans en revue, dans un appartement de Godras où était alors la Sous-Préfecture. Les habitants de Domfront ne virent en lui qu'un envoyé du Roi, et non un brigand qui s'était couvert du sang de ses semblables et même de ses amis pendant les troubles de l'an III et de l'an VII. Il arriva accompagné du Vicomte de Riccé, indigne Préfet du Département, accusé d'avoir volé 400.000 francs à ses administrés. La Compagnie urbaine vint au devant d'eux jusqu'à Saint-Vincent (77).

Les Chouans étaient si honteux qu'ils ne firent que paraître et s'enfuirent ensuite.

La Compagnie urbaine était forte de 90 hommes. Mr de Riccé, Préfet, la passa en revue, elle exécuta si bien les différentes manœuvres qui lui furent commandées qu'il ne put s'empêcher de dire au Sous-Préfet : J'aurais plus confiance dans cette Compagnie que dans le reste des gardes nationales du Département. Comme la Restauration ne marchait pas au goût des habitants, et qu'ils étaient unis de sentiments, on ne voulut pas laisser des armes aux mains de gens si capables de s'en servir, on nous désarma, et le Sous-Préfet, Mr de Maurai, donna 80 de nos fusils à Tinchebray, sur la demande de Mr Noël, médecin et Maire. C'est Letessier, piéton, qui les emporta.

APPENDICE I

Louis XVIII accorda aux Royalistes, qui s'étaient battus pour le soutien du Trône, avec tant de bravoure, d'humanité et de désintéressement, des récompenses pécuniaires ou d'honneur, comme il suit :

NOMS	PROFESSION	DIVISION	GRADE	DOMICILE	PENSION
HODIESNE, J.-B.-Fs........	Cultivateur	Flers	Lieutenant	Chanu	50 fr.
HUE, J.-B.	id.	id	id.	Flers	200 »
LEBAILLY J., *dit Leslauriers*	id.	id.	Capitaine	id.	100 »
FORGET, Ls.-Js., *dit Fleuri*.	Blanchis.	id.	Lieutenant	id.	50 »
Marie Pierre RENETTE...	Gendarme	id.	Lieutenant	id.	50 »
THOMMERET, J.-Ns.	Cultivateur	id.	id.	id.	50 »
BRIONNE, J.-B., *dit Malmené*	id.	id.	id.	Lande-Patry	100 »
HUET Pierre....................	id.	id.	id.	id.	50 »
MALHERE, *dit d'Artois*....	id.	id.	Capitaine	id.	300 »
MARIE, Pierre-François.....	id.	id.	S/Lieut.	id.	50 »
BOUVET, Pierre-Jn.-Gl. ...	id.	id.	id.	Landisacq	50 »
PAPOUIN, Bernard..........	Meunier	Ambrières	Chef de B.	Loré	300 »
BIGNON, Pierre................	Propriét.	id.	Capitaine	La Ferté	50 »
PECCATTE Glme.............	id.	id.	Aide-major	St-Denis de-Ve	200 »
BANSARD, P.-Fs.	Cultivateur	id.	Lieutenant	Loré	50 »
LIBERT, Franc.	Fermier	id.	id.	St-Denis-de-Ve	100 »
PECCATTE Robert..........	Cultivateur	id.	S/Lieut.	Sept-Forges	50 »
POTTIER, Jean...............	id.	id.	Lieutenant	Brétignolles.	50 »
LANOE, François............	id.	Ambrières	S/Lieut.	Sept-Forges.	50 »
BANSARD, J.-François.....	id.	id.	id.	Loré	50 »
COIGNARD, V.-J.-A.-Gl. ..	Clerc Not.	id.	id.	id.	50 »
ALLARD, René-Marie.......	Cultivateur	id.	id.	Brétignolles.	50 »
DUJARRIER, Fs.	Fermier	id.	Soldat	Beaulandais.	50 »
ERNOULT, P.-C.-F..........	Journalier	id.	id.	Lucé	50 »
ECHIVARD, Ch.	Fermier	id.	id.	Rennes-en-Gr.	50 »
GARNIER, Jacques.........	id.	id.	id.	St-Denis	50 »
HARDOUIN, E.-Jean.......	Cultivateur	St-Jean-des-B.	Capitaine	Ivrande	300 et 1 fusil
HARDOUIN, Julien.........	Taillandier	id.	id.	id.	200 »
GALLODÉ, P.-J.-F.	Cultivateur	id.	Lieutenant	St-Christophe	200 »
LAINÉ, Nicolas..............	Maréchal	id.	id.	id.	200 »
HARDOUIN, J.-B.-P.	Fermier	id.	S/Lieut.	Ivrande	300 »
SALLÉ, Nicolas..............	Meunier	id.	Lieutenant	Passais	100 »
FOUCAULT, J.-B.	Cultivateur	id.	S/Lieuten.	Tinchebray	100 et 1 fusil
FOUCAULT, Jacques........	Coutelier	id.	Lieutenant	id.	100 »
FLEURY, Pierre..............	Cultivateur	id.	Lieutenant	St-Frimbault	100 »
DOISNEL, Jq.-Jn.	Marchand	id.	Adj. s/off.	La Ferrière	100 »
GRISARD, Pierre-Fs.	Gendarme	id.	Lieutenant	Couterne	50 »
JEAN, Jean-Baptiste-Jacq.	Fermier	id.	S/Lieuten.	St-Christophe	50 »
BRAULT, Siméon............	Serrurier	id.	Lieutenant	St-Marc	50 »

(1) Dans le fonds Caillebotte aux Archives de l'Orne, c'est une feuille in-4, de 4 pp. écrites recto et verso, certifié « *extrait conforme* » et signé, *le Général en chef, St Paul Lingeard*. Le tableau que je donne est corrigé sur cette piece.

NOMS	PROFESSION	DIVISION	GRADE	DOMICILE	PENSION
LAURENT, J.-B.	Coutelier	St-Jean-des-B.	S/Lieut.	St-Jean	50 fr
GUIMOND, J.-L.	Journalier	id.	Sergent	id.	50
FOUCAULT, Ch.-Jean.......	Boulanger	id.	S/Lieut.	St-Quentin	50
FOUCAULT, Julien-Fs. ...	Cultivateur	St-Jean-des-B.	Lieutenant	Tinchebray	50 et [illegible]
LAILLER, Jacques..........	Corroyeur	id.	id.	Hte-Chap	50
JOUBIN, Jacques............	Fermier	id.	Sergent	Yvrandes	50
DURAND Ch., *dit Bonnegent*	Journalier	id.	Soldat	id.	50
THÉBAULT, Michel.........	Coutelier	id.	Sergent	St-Jean-des-B.	50
PRINGAULT, Pierre.........	Colporteur	id.	id.	id.	50
LAURENT, J.-B., *dit Guinbert*..	Fermier	id.	id.	id.	50
THOMAS François............	Cultivateur	id.	id.	Lonlay	50
TOURLAND, François......	Domestique	id.	Soldat	La Ferrière	50
AUBERT, Charles............	Colporteur	id.	id.	St-Jean	50
DURAND, Charles............	Cultivateur	id.	Sergent	Tinchebray	50
GALLERI, P.-S.-César......	Cultivateur	Avranches	Capitaine	Labaroche	50
BERNARD, J.-Fçois (1)...				Loré	
BERNARD, P.-Fçois (1)...				id.	
THOMEREL jne (2).........	Marchand			La Ferrière	

Par décision royale du 9 novembre 1815

A la Veuve BOURDON.....	Capitaine mort au service	Caligny	180
A la Veuve PROVOST......	Capitaine mort au service	St-Denis	200
A la Veuve GOSSELIN.....	Soldat mort au service	Flers	50
A la Veuve HERGAUX.....	Soldat mort au service	Landisacq	50
A la Veuve LECORNU......	Soldat mort au service	Flers	50
A la Veuve MADELINE....	Soldat mort au service	id.	50
A la Veuve MENOCHET...	Capitaine mort au service	Lucé	150

Jean-Baptiste de la ROQUE GRANDVILLIERS, ancien officier d'infanterie, tué au siège de Tinchebray, dans les Chouans.

1830. — Il y a, dans l'arrondissement, 244 chouans pensionnés donnant enser viron 12 à 13.000 fr. par an. Ils n'ont pas été payés depuis 1832.

ARMES D'HONNEUR DISTRIBUÉES LE 25 AOUT 1825 AUX CHOUANS

Fusils d'honneur

FORGET, *dit Fleuri*, de Flers.
ALLARD Louis.
FOUCAULT Julien, de Tinchebray.
CUVELIER LAFONTAINE, Flers.
MOREL Gabriel, décédé aliéné, Tailleur.
FOUCAULT J.-B., de Tinchebray.

(1) Il doit y avoir erreur, i i, avec Bansard. Il y a deux Bansard qui portent le même pré

(2) Très probablement ici encore une erreur ou confusion avec Thommeret, Jean, Nicolas.

PIQUE DES DEMAINES, de Tinchebray.
MOULIN, Pierre-François, de Tinchebray.
HARDOUIN Etienne, d'Yvrandes.
DUPONT Louis, à la Houssière, décédé.
PECCATE Guillaume, de Saint-Denis.

Epées d'honneur

MÉRILLE, Marie-Anne, de Saint-Front.
de DOISNEL François, de Torchamp.

Sabres d'honneur

BOISNEL, La Logerie, de Lonlay.
COIGNARD, Gendarme, de Loré.

ÉTAT des pertes occasionnées par les Chouans :

		Indemnités accordées par arrêté des Consuls du 11 Pluviôse an IX. Réparti par arrêté du Préfet le 3 Floréal, sur les contributions des années 5, 6, 7, 8.
r canton. — Athis	4 359 fr.	900 fr.
Berjou		200 »
Bréel		100 »
Cahan		100 »
La Lande-Saint-Siméon		100 »
La Carneille		1 500 »
Ménil-Hubert	1 905 »	200 »
Sainte-Honorine-la-Chardonne		300 »
Saint-Pierre-du-Regard		300 »
Ronfeugerai		300 »
Les Tourailles		120 »
Sainte-Opportune		150 »
Durcet		200 »
Ségrie-Fontaine		100 »
canton. — Domfront	55 747 »	2 500 »
Avrilli	13 934 »	150 »
Saint-Bômer	26 435 »	650 »
Saint-Brice		150 »
Champsecret		900 »
Saint-Front	25 466 »	900 »
Saint-Gilles	2 082 »	150 »
La Haute-Chapelle	7 875 »	300 »
Saint-Clair-de-Hallouse		200 »
Lonlay-sur-Egrenne	65 487 »	1 000 »
Rouellé		150 »

			Indemnités accordées arrêté des Consuls de Pluviôse an IX. Réparti arrêté du Préfet, le 3 réal, sur les contribut des années 5, 6, 7, 8.
3e *canton.* —	La Ferté-Macé	50 000 fr.	3 000 fr.
	Antoigny		150
	Couterne	32 190 »	600
	Magny-le-Désert	15 000 »	600
	Saint-Maurice		200
	La Sauvagère		600
	Lonlay-le-Tesson	10 000 »	200
	Madré		100
4e *canton.* —	Juvigny	7 727 »	600
	La Baroche	12 000 »	400
	Beaulandais	2 323 »	150
	Brétignolles	2 440 »	100
	Ceaucé	35 000 »	300
	La Chapelle-Moche		450
	Saint-Denis-de-Villenettes	3 250 »	100
	Halleine		200
	Loré	8 473 »	200
	Lucé	4 570 »	150
	Sept-Forges	4 060 »	200
	Tessé	15 000 »	300
5e *canton.* —	Flers	50 000 »	1 000
	Aubusson		60
	La Basoque		60
	Caligny	3 855 »	300
	Cerisy		300
	La Chapelle-Biche	41 007 »	200
	La Chapelle-au-Moine	7 561 »	120
	Saint-Georges-des-Groiselliers		200
	Landisac	4 150 »	300
	La Lande-Patry		420
	Landigou		200
	Montilly		250
	La Selle		300
6e *canton.* —	Saint-Gervais-de-Messey		300
	Saint-André-de-Messey	15 000 »	120
	Banvou	9 040 »	200
	Bellou	100 000 »	800
	Le Chatellier		100
	La Coulonche	45 000 »	450
	Dompierre		150
	Echalou		150
	La Ferrière	55 000 »	400
	Saires		150

		Indemnités accordées par arrêté des Consuls du 11 Pluviôse an IX. Réparti par arrêté du Préfet le 3 Floréal, sur les contributions des années 5, 6, 7, 8.
canton. — Passais	106 788 fr.	800 fr.
L'Epinai	32 880 »	250 »
Lebois	1 100 »	100 »
Saint-Fraimbault	40 000 »	700 »
Mantilly	144 124 »	1 000 »
Saint-Mars	35 000 »	700 »
Saint-Roch		250 »
Torchamp		250 »
Veaucé		250 »
canton. — Tinchebray	188 100 »	15 000 »
Beauchêne		200 »
Chanu	3 050 »	600 »
Saint-Christophe		100 »
Clairefougère		100 »
Saint-Cornier		400 »
Fresne	77 391 »	600 »
Saint-Jean-des-Bois		150 »
Larchamp		200 »
Ménil-Ciboult	11 905 »	100 »
Monci	5 750 »	100 »
Montsecret	25 000 »	500 »
Saint-Pierre-d'Entremont	300 »	300 »
Saint-Quentin	10 000 »	250 »
Yvrandes		200 »

Les Communes suivantes ne sont point comprises dans le tableau des indemnités :

Sainte-Marie-des-Bois	2 607 fr.	
Méhoudin	325 »	
Rennes	4 300 »	

Elles ont remis leurs états trop tard.

Il m'a été impossible de me procurer les Etats des pertes des communes qui man-
ue ici.

Je n'ai pu recouvrer que 151 Etats des pertes. Le surplus a été perdu, égaré. 41
ıanquent.

TAXE ARBITRAIRE frappée sur l'arrondissement par les Généraux, sous le vain prétexte d'avoir favorisé les Chouans

1re *Chouannerie*, par le Général LARUE :

sur Flers	3 000 fr.
Saint-Quentin	3 000 »
M. Durocher	1 200 »
le canton de Juvigny	
de Messey,	
etc	1 000 »

par le Général GARDANNE :

sur Flers	2 400 »
Landisac	1 150 »
La Sauvagère	600 »
La Ferrière	720 »
Bignon de la Ferté	1 200 »
la commune	800 »

par le Général CHAMBERLAC :

par le Général GUIDAL :

Canton de Passais	3 000 »
de Juvigny	2 000 »
de Montilly	800 »
Dugué, de la Chapelle-Biche	648 »
Genvrin	1 200 »

Ces Généraux frappèrent un plus grand nombre de contributions qui ne sont p[as] venues à ma connaissance.

Pendant plus d'une année, l'arrondissement nourrit plus de 2.000 hommes de troupes sans aucune indemnité.

Caillebotte Lejs

FIN

APPENDICE II

A l'Appendice de CAILLEBOTTE, j'ajouterai copies de diverses autres pièces rela- ves à la Chouannerie, qui se trouvent aux Archives Départementales de l'Orne (fonds aillebotte).

I

LISTE *des Fermiers et Cultivateurs domiciliés dans l'arrondissement de Domfront, i ont déposé des quittances délivrées par les Chouans, sans pétition, tendant à leur faire louer les dites quittances :*

Martin DURAND, quittance de l'An VIII, somme de..............	236 fr.
Jacques PECCATE, quittance de l'An VIII..........................	240 »
Louis PECCATE, Fermier..	150 »
Le même, autre quittance..	160 »
François ALLARD, Meunier au Moulin de Gogue.................	70 »
Le même, autre quittance..	124 »
Jean PECCATE, Fermier à la Guérière............................	200 »
Le même, autre quittance..	100 »
Charles BAUDET, Fermier au Boiblond............................	172 50
Jean GRANDIN..	240 »
François HEUREUX...	50 »
GAREVAIS, de la commune de Vaucé, quittance de l'An III de la motité de sa récolte en grains.	
Siméon BOISGONTIER, Fermier de la Ribalardière..............	400 »

Le présent Etat certifié véritable par le Chef du Bureau des Domaines.

Signé : *Illisible.*

II

ÉTAT *de la gratification accordée à titre de récompense une fois payée aux Militaires après nommés, ayant servi dans les armées royalles de l'Ouest, lesquels n'ont pas été reconnus sceptibles d'une solde de retraite.*

NOMS ET PRÉNOMS	GRADE ET CORPS	DOMICILE	MONTANT DE LA GRATIFICATION	DATE DE LA DÉCISION QUI L'ACCORDE	DATE DE L'ÉTAT DU MINISTRE
ENAULT, Pierre-Fçois.	Soldat	Tinchebray	100 fr.	26 Janvier 1816	2 Février 1816
E GOT, Guill.	id.	id.	80 »	id.	id.
UCAULT Jean..........	S/Lieut.	id.	200 »	id.	id.
INÉ Pierre................	Soldat	id.	60 »	id.	id.
UCAULT, Julien-Fçois	Lieutenant	id.	250 »	id.	id.
RIN Jean,..................	Soldat	Larchamp	100 »	id.	id.
ANCEREL, J.-B.	id.	id.	50 »	id.	id.
VIER, Jean..............	Chassr volr		150 »	id.	id.

NOMS ET PRÉNOMS	GRADE ET CORPS	DOMICILE	MONTANT DE LA GRATIFICATION	DATE DE LA DÉCISION QUI L'ACCORDE	DATE DE L'ACH[A] DU MINISTÈ[RE]
MALOISEL, Franc.	S/Lieut.	Beauchêne	200 fr.	26 Janvier 1816	2 Février 18[16]
FOUQUET, Louis..........	S/Lieut.	Cerisy	200 »	id.	id.
GARNIER, Jean...........	Soldat	St-Cornier	60 »	id.	id.
GALLIER, Charles.........	Chassr volre	Monsegré	50 »	id.	id.
VENTE, Jean-Noël.........	Soldat	Fresnes	60 »	id.	id.
LE TORTU, Jean...........	Caporal	Caligny	80 »	id.	id.
AUGUERY François......	Soldat	Landisacq	50 »	id.	id.
PROFICHER, J.-B.	Soldat	Flers	25 »		
LE BAILLY, François.....	Caporal	id.	80 »		
LEHUGEUR, Jean.........	Soldat	La Selle	80 »		
LEBRUN, J.-B.	id.	La Chap -B	80 »		
HODIESNE, Jean..........	id.	La Lande-P.	100 »		
MALHERE, Pierre.........	id.	id.	60 »		
HALBOUT, Louis..........	id.	Durcet	50 »		
VAUGEOIS, Louis..........	id.	Saint-Clair	100 »		
LEVIVIER, Jacques.......	id.	La Hte-Ch	50 »		
LUILLIER, Jacques.......	Lieutenant	id.	300 »		
LEMOING, Juline..........	Soldat	Lonlay	50 »		
LAVOLÉ, Jean.............	id.	id.	50 »		
THOMAS, François.........	Sergent	id.	50 »		
DALIGAULT, Jean.........	Soldat	St-Marc	25 »		
LÉVEQUE, Julien..........	id.	id.	60 »		
FIAULT, Jean..............	id.	St-Fraimb.	100 »		
HAVARD, Julien...........	id.	id.	60 »		
TERRIER, Pierre..........	Sergent	Céaucé	50 »		
CREUSIER, Charles.......	Soldat	Brétignoll s	80 »		
LEPONT, Julien............	id.	Lépinay-s/-O	80 »		
AUBIN Pierre-François,...	id.	Gers	50 »		

III

ÉTAT *des brevets de pension délivrés le* 2 *Février* 1816, *aux Soldats des ar[mées] royales de l'Ouest, domiciliés dans l'arrondissement de Domfront, d'après la décision [de] Sa Majesté Royale du* 26 *Janvier* 1816, *à partir du* 1er *Octobre* 1815.

Numéros du Contrôle Général du Ministère de la Guerre	NOMS ET PRÉNOMS	Numéros du Commissaire des Guerres	GRADE	DOMICILE	MONT[ANT] ANNU[EL] de la pen[sion]
161 660	CAILLY, J.-B.................	145	Sergent	Clairefougère	50
161 664	CORBIERE, Louis-Jean...	1 149	anc. soldat	La Ferrière	25
161 665	DÉGRENNE, Julien.......	1 156	Soldat	St-Mars-d'Egrenne	50
161 666	DÉRENNE, François......		Soldat	Mantilly	50
161 667	DUCUSSIER, François...		Soldat	Beaulandais	30
161 668	FLEURY, Guillaume-J.-B.	146	Sergent	St-Fraimbault	50

Numéros du ntrôle Général du Ministère e la Guerre	NOMS ET PRÉNOMS	Numéros du Commissaire des Guerres	GRADE	DOMICILE	MONTANT ANNUEL de la pension
161 670	GUÉDON, Georges-Henry	1 154	Soldat	Mantilly	100 fr.
161 671	GUÉRIÑ, Pierre...........	168	anc. caporal	La Selle	100 »
161 675	HERVIEU-FOUCHELIÈRE, J°	1 156	Soldat	Lonlay	60 »
161 677	LAURENT, François.......	150	Sergent	St-Jean-des-Bois	100 »
161 680	LEPONT, J.-B.	1 158	Soldat	Tinchebray	100 »
161 682	MOREL, Julien..............	1 160	Soldat	Domfront	50 »
161 683	MORIN, Julien..............	1 160	Soldat	La Chapelle-Bich	40 »
161 684	ONFRAY, Gilles.............	1 161	Soldat	Tinchebray	80 »
161 685	ROHÉE, François..........		Caporal	Landisacq	50 »
161 686	THOMAS, Guillaume......	1 162	Partisan	Lonlay	80 »
161 687	YVER, Jean-François......	1 163	Soldat	Mesnil-Ciboult	30 »
161 674	HERVIEU, Jean............	1 155	anc. soldat	Lonlay, au lieu de la Reinière.	60 »

IV

JEANNE, *chef d'escadron, aide de camp du Général de Brigade Guidal, commandant département de l'Orne, reconnaît avoir reçu de l'Administration du canton de Passais, ois milles livres, somme qui a été imposée à ce canton par le Général Guidal, le seize Ventôse, our avoir, dans tous les tems, servi et protégé ouvertement les Chouans. Ce pays servant encore ujourd'hui de repaire aux brigands qui n'ont pas fait leur soumission aux lois de la République.*

A Passais, le vingt-quatre Ventôse, An VIII de la République Française.

Signé, **JEANNE**.

NOTES

(1) *Chouans du Bissac*, nom particulier à la région de Domfront. On trouve ce nom dans diverses relations de l'époque révolutionnaire de la région. Dans la région de Saint-Bômer, ils se réfugiaient dans les landes de Sabot Doré. C'étaient des bandits de grand chemin plutôt que des chouans.

(2) L'auteur veut très probablement faire allusion à l'abbé Brionne (originaire de Lonlay), et à sa compagnie de chouans.

(3) Erreur, les premières manifestations populaires qui eurent lieu à Domfront furent occasionnées par la maladresse de Garnier, sieur de la Fosse, lieutenant général très impopulaire. Il avait interdit à Louis Delente, fermier d'un moulin sis au Pont-de-Caen, de faire du pain et d'en vendre en ville. L. Delente faisait, paraît-il, le meilleur pain et avait une assez grosse clientèle dans la ville de Domfront. Il fut condamné à une assez forte amende, ses pains furent saisis et on ordonna la démolition de son four. Au sujet de cette affaire, l'intendant de la généralité d'Alençon, qui avait pris parti pour Delente contre Garnier de la Fosse, écrivait, le 8 février 1789 : « Delente est victime « de la jalousie de quelques boulangers et de l'humeur du sieur Lafosse, « qui n'est pas toujours de sang-froid, surtout lorsqu'il n'est pas pris « à jeun... c'est un homme très entêté et très despote ».

Déjà, le 16 juillet, à la nouvelle de la prise de la Bastille, le peuple s'imagina que les impôts étaient abolis, ainsi que les contributions. Antoine Caillebotte note avec humour l'état d'esprit des campagnes : « Le paysan crut qu'il allait pouvoir garder ses moutons d'à cheval « et manger de couché ».

(4) Racine, J.-C., né à Domfront, en 1751, mort à Montpellier, en 1807, après avoir chanté avec succès sur les premiers théâtres de la capitale.

(5) Il s'agit, ici, du sieur Queudeville, arpenteur.

(6) On était, à ce moment, en pleine disette, l'hiver de 1788-1789 avait été extrêmement rigoureux, toutes les cultures avaient gelé. Le 3 avril 89, une pluie torrentielle vint augmenter la dévastation. On voyait des bandes de mendiants hâves, auxquels il eût été imprudent de refuser l'aumône. Achard de Bonvouloir écrivait à ce moment : « Mon fermier coupe quelquefois du pain à 150 pauvres par jour. « Le samedi, une des femmes de la ferme ne quitte point la porte, « avec son couteau et sa tourte... »

En 1789, dans la région de Domfront, les habitants des villes voulurent imposer un prix de vente du blé aux cultivateurs. De là, lutte entre l'ouvrier et le paysan Ce fut vers la mi-avril que les bruits d'accaparement commencèrent à circuler. A Mayenne, on cite le fait suivant : le 30 avril 89, des ouvriers arrêtèrent deux voitures de grains, l'une à destination de Pré-en-Pail, l'autre à destination d'Alençon. Les habitants des villes, les ouvriers principalement, prétendaient que le blé ne devait pas aller au loin, mais être consommé dans le pays.

(7) Il se produisit, à ce moment, une histoire assez amusante et une petite émeute, qui sont racontées dans le manuscrit d'Antoine Caillebotte. « En 1789, le peuple de Domfront crut (comme tous les « Français) qu'on ne paierait plus d'impôts. Les registres des aides « furent sauvés avec bien de la peine. Et les commis, obligés de s'enfuir. « L'un d'eux, Desmoulins, ayant mis la cocarde à son Q (reconnu « depuis incendiaire), fut couru par les buttes, l'enclos du Couvent, « et obligé de passer la rivière.

« Le sel et le tabac furent pillés.

« Les bourgeois manquèrent de s'entre-égorger. Les uns voulaient « le pillage, les autres l'exécution des lois. Les deux partis coururent « aux armes et furent longtemps en présence sur la place de la Liberté. « Le parti conservateur contint, pour cette fois, le parti destructeur. »

(8) Le 20 juin 1794 (2 messidor), deux officiers municipaux de Mantilly, J.-B. Fouilleul-Pérouinière et Julien Férare, de la Douéterie, se mirent en route pour aller à la foire de Fougères, qui devait avoir lieu le 21. Ils étaient accompagnés de trois autres habitants de la commune : Nicolas Joubin, Etienne Guesdon et Leroyer-Montrobert et de quatre autres habitants de Désertines et d'Ernée. Entre Fougères et Ernée, ils rencontrèrent une vingtaine d'individus armés qui les assaillirent. Férare et Fouilleul voulurent résister, mais ils furent frappés à coups de sabre et laissés pour morts sur le chemin. Guesdon, Joubin et Leroyer furent également dépouillés. On estimait à 22.000 livres la somme qui avait été volée à Fouilleul et à Férare. (Corr. de l'agent national).

(9) L'agent national écrit à ce moment au Comité de Salut Public que les fonctionnaires quittent leurs postes et qu'on n'a plus ni munitions, ni troupes.

(10) Les Chouans de Mantilly étaient commandés par Michel Guesdon, dont les mémoires ont été publiés en partie par l'abbé Macé in *Bulletin Société Historique de l'Orne*, T. XV, 1896, p. 272 et sq.

(11) Il s'agit du citoyen Hamard-Prérigault, de la commune de Saint-Roch, assassiné dans la nuit du dimanche 22 au lundi 23 novembre 1795 (il y a donc erreur de la part de Caillebotte), dans le plant de la citoyenne Françoise Le Débotté, veuve Gallery, chez laquelle il était réfugié. Le lendemain, il fut fait une enquête par Ch. Crouillebois-Saint-Vincent, juge de paix de Domfront, qui trouva, dans le plant, un bout de lame de sabre cassée de 10 pouces de long et une baïonnette cassée. L'autopsie fut faite par le citoyen Robert Jouenne, chirurgien à Domfront. Il note une plaie pénétrante jusqu'au cerveau à la partie supérieure de l'occipital ; un coup de feu sur le sternum du côté droit, et sur la même partie deux coups de baïonnette pénétrant entièrement. (Procès-verbal d'enquête).

(12) Ici, encore erreur de date ; c'est dans la nuit du 6 au 7 décembre. Les Chouans masqués étaient au nombre de 30 à 40. Ils étaient commandés par Michel Guesdon. Chez Malzi, les Chouans recherchaient son frère, ex-curé constitutionnel de la Chapelle-Moche. Les pertes éprouvées par Hamard dépassèrent 800 livres (procès-verbal d'enquête).

(13) Cette affaire eut lieu le 6 décembre, sur les 7 heures 1/2 du soir. Le Bigot de Beauregard était l'ancien député à la Constituante et officier municipal de la commune de Saint-Roch. Les chouans vinrent bien deux soirs de suite. Il déposa seulement le 7 pluviôse, an III (26 janvier 1795), devant le Comité de Surveillance de Domfront. Ils perquisitionnèrent chez lui pour lui enlever ses armes. Le lendemain soir, ils enlevèrent divers objets de valeur et tout ce qu'ils trouvèrent d'argent monnayé.

(14) Cette affaire se passa dans la nuit du lundi 3 au mardi 4 février 1795. Une troupe d'une vingtaine de chouans, conduits par Guillaume Dérenne, cultivateur à la Perche, en Passais, se rendirent, vers 8 heures du soir, à la Brillardière, commune de Mantilly. Ils voulaient s'emparer de l'ancien curé assermenté de Saint-Front, Baptiste Ramard. Ce jour-là, précisément, Ramard célébrait ses noces. Les chouans envahirent la salle du festin, font défiler les invités devant eux, sous prétexte de rechercher l'intrus, et les frappent brutalement. L'un d'eux, Lepelletier, reçut un coup de baïonnette dans le côté gauche et mourut quelque temps après. Les chouans, maîtres de la maison, prirent la place des invités, mangèrent et burent largement, si bien qu'à minuit ils étaient complètement ivres (l'acte d'accusation et les interrogatoires ne font pas mention que les chouans leur coupèrent les cheveux). De là, ils se dirigèrent vers l'habitation de l'huissier André Cousin, qui avait, ce jour-là, quelques invités, entr' autres Joubin l'Epine, Lechevallier-Coupellière, de Mantilly, et un officier municipal de Domfront, Lelandais-Lagrette. Cousin refuse d'ouvrir aux chouans ; lui et ses hôtes s'arment de fusils et, se voyant menacés, tirent et en tuent un. Les chouans, furieux, défoncent la porte et entrent. Ne pouvant arriver à ouvrir la porte de la chambre, ils allument du foin pour les enfumer. Cousin saute alors par la fenêtre, mais, poursuivi par les chouans, il est rattrapé et tué dans le bois de la Morinière. Les autres implorent les chouans, on leur apporte une échelle pour qu'ils puissent descendre. A peine descendus, Joubin reçoit plusieurs coups de fusil, puis est achevé à coups de sabre. Lelandais-Lagrette est obligé de leur donner son argent et sa montre. Plus heureux, Lechevallier avait réussi à sauter par la fenêtre sans être aperçu. Il court au bourg de Passais, et revient aussitôt avec une vingtaine de gardes nationaux. Les chouans prennent la fuite ; on éteint l'incendie avec peine. Au petit jour, on réussit à suivre la trace des pas des chouans sur la neige. On arrive chez Dérenne, qui était encore au lit. On trouve, dans un coin, des armes maculées de sang et portant encore des cheveux collés à la crosse et au chien. Il fut arrêté et transféré à Domfront. Ses complices restèrent introuvables. Le tribunal criminel de l'Orne le condamna à mort le 5 sept., mais le jugement fut cassé et l'inculpé fut renvoyé devant le tribunal du Calvados, où les témoins manquèrent. Le 25 décembre, on renvoya l'affaire à la session suivante. J'ignore ce qu'il en advint. (Cf. *registre du Comité de Surveillance, Arch. de l'Orne.*

L. de la Sicotière appelle Ramard, Bernard, il y a erreur et Joubin-l'Epine, Joubin-la-Pierre (Tome I, p. 249), il y a ici faute de lecture sur le manuscrit de Caillebotte, qui lui avait servi.

(15) BILLARD, T. I, p. 152, en parle en ces termes : « ... celle « d'un perruquier de Domfront, surpris dans la campagne en y allant « chercher du grain pour sa subsistance et celle de sa famille. » Le Bricq avait été pris pour un espion, par de Saint-Paul.

(16) Il serait un peu trop long de raconter, ici, le siège de Tinchebray. On en trouvera d'excellentes relations dans L. de la SICOTIÈRE, T. I, pp. 445-452 ; dans BILLARD, T. I, p. 232 et sq. et surtout dans l'Abbé DUMAINE, *Tinchebray et sa région au bocage normand*, T. III, Paris, H. Champion, 1885, p. 261 et sq. Il donne même un plan qui permet de suivre les péripéties du siège du 11 germinal (31 mars 1796).

Cette attaque fut un échec pour Frotté qui voulut emporter, sans artillerie, des retranchements bien défendus. Après une fausse attaque sur Domfront, dans le but de faire sortir la garnison de Tinchebray, Frotté s'approcha brusquement, avec 800 hommes. Il envoya un parlementaire pour sommer la ville de se rendre. Ce parlementaire fut tué. Furieux de la mort de son envoyé, Frotté ordonna l'assaut. Mais la ville était bien défendue. Frotté fut, lui-même, blessé. Désespéré par la mort de nombreux officiers, il donna l'ordre de mettre le feu à la ville. Dans cette affaire, les chouans perdirent environ 20 officiers et 80 soldats. Ne pouvant arriver à prendre la ville, le général donna le signal de la retraite, vers 10 heures du soir.

(17) L'auteur de cette chanson était, paraît-il, un nommé Pesnier. A quelque temps de là, il tombait, près du Pont-Notre-Dame, sous une balle inconnue, victime d'une vengeance particulière. M. Hurel l'attribue à un soldat du régiment des Vosges. Le texte qu'il donne et qui est rapporté également par l'abbé Dumaine, renferme plusieurs variantes. (Cf. abbé DUMAINE, op. cit., T. III, p. 269 et sq.)

(18) Cette église de Chanu avait une grosse tour qui avait été crénelée par les bleus. Les chouans y mirent le feu après un sanglant combat à la ferme des Buissons. SEGUIN (*Histoire de la Chouannerie*), Vire, Adam, 1844, T. II, p. 139. — Trois jours auparavant, le 28 mars 1795, l'arbre de la liberté avait été coupé à Saint-Front, par des personnes inconnues.

(19) Le mardi 9 juin 1795, sur la route de Flers à Domfront. Le 13, le procureur syndic écrivait au Comité de Salut Public : « Depuis « quelques jours, les brigands ont commis cinq à six assassinats, tous « plus atroces les uns que les autres... »

(20) Le samedi 19 septembre 1795, c'est-à dire le 3e jour complémentaire de l'an III, vers 10 heures du matin, une quinzaine de chouans se présentèrent à son domicile, au château de Loraille. Dès que Dupont les vit, il se retira précipitamment dans sa maison, décidé à défendre vigoureusement sa vie, ayant 5 fusils chargés à sa disposition. Les chouans ayant dit à sa femme qu'ils ne lui voulaient aucun mal, mais seulement le voir et trinquer avec lui, elle insista pour qu'il descende et les laisse entrer. A peine entrés, les chouans se saisissent de lui. Il se débat, réussit à se sauver dans la salle à manger. Les chouans le reprennent, il s'arcboute contre la porte du corridor. Ne pouvant le faire avancer, un des chouans lui tire, à bout portant, un coup de fusil

dans les reins. Il tombe sur les genoux et est achevé de trois coups de sabre sur la tête. Le récit donné par L. de la Sicotière serait assez erroné, car le corps ne fut pas déchiqueté par les assassins, il fut inhumé le soir même dans le cimetière de Saint-Roch. Cf., à ce sujet, son acte de décès et L. CHAMBAY. *Anecdotes sur la chouannerie dans le Passais*, Domfront, Gaigé, 1894 (petit opuscule assez rare).

(21) Passage assez obscur. Caillebotte doit sans doute faire allusion à une affaire qui s'est passée dans la même journée. Il s'agit de l'abbé Chasles, qui prêta serment et resta comme vicaire à La Haute-Chapelle. Lorsque les chouans vinrent à Loraille, pour arrêter Dupont, il était mêlé aux batteurs. Reconnu par eux, il fut fusillé au bout de l'avenue de Loraille.

(22) Il s'agit, ici, de Courteil-Dubourg, qui habitait le village de la Pelvinière, en Saint-Mars-d'Egrenne. Malgré les supplications de sa femme et de ses quatre fillettes, il fut emmené, le même jour, et par la même bande, dans une pièce de terre voisine de chez lui, nommée le Champ-Ernol, et là, il fut assassiné à coup de baïonnettes. Il avait eu le tort d'acheter des biens nationaux.

(23) Ceci veut indiquer que ces affaires se passèrent, en partie du moins, sur le territoire de la commune de Saint-Roch.

(24) Charles, Nicolas de Saint-Paul Lingeard, un des premiers insurgés de la Basse-Normandie, chef de la division d'Ambrières. Il épousa une demoiselle Bignon de Monceaux, des environs de Couterne. Billard le déteste ainsi que Moulin. On l'appelait, paraît-il, le « *bourreau de l'armée* », à cause de ses cruautés envers les bleus.

(25) Le château de la Fosse se trouve sur la route de Céaucé à Avrilly. Il appartenait primitivement aux Verraquin, passa ensuite par achat à Caillebotte, l'auteur de cette histoire, puis à son arrière-petit-fils, M. U. Patou, qui le légua à M. Girard, lequel le vendit à MM. Bosdeveix et Niclasse, propriétaires actuels.

Lécusson était administrateur du département de l'Orne. Il avait eu comme condisciple, au collège de Vire, de Saint-Paul Lingeard. Ils se retrouvèrent à la Fosse, renouèrent connaissance. Lécusson fit servir un bon déjeuner à son ancien camarade, et le partagea assis à côté de lui. A la fin du déjeuner, de Saint-Paul le poignarda et lui prit sa montre et son couteau. Quelques jours plus tard, il perdit ce couteau au moment où les chouans furent surpris par les bleus, au château de Torchamp. Selon BILLARD (T. I, p. 153), de Saint-Paul aurait dit : « je « n'accepterai plus de dîner d'aucune personne que je devrai tuer. » L. de la SICOTIÈRE (T. I, p. 339), raconte qu'on l'aurait forcé de creuser lui-même sa tombe. Sommé à plusieurs reprises de crier : « *Vive le Roi* ! » il aurait refusé la vie à ce prix.

(26) Le 23 juin 1795, Masseron, dit Lajoie, était garde. Toutes les recherches entreprises pour retrouver ses assassins restèrent sans résultat (*Corr. de l'agent National*).

(27) Louis-René Gallery de l'Air-du-Bois, né en 1777, à Livet-en-Ouche. Très brave et très audacieux. Sa tête fut mise à prix à cent

louis, en 1800. Cf. sur cette figure très originale : L. de la SICOTIÈRE, T. II, p. 530, note 2, et surtout P. ADIGARD : *La Ferrière-aux-Etangs. Fragment d'une étude sur un chef de chouans. Louis-René de Gallery, chevalier de l'Air du Bois.* Domfront, Gaigé, 1900.

(28) Je rappelle, pour mémoire, que l'on signalait que des rassemblements se formaient au château de Frédebise, en Lonlay. Le 21 juin, le capitaine Collet s'y transporte avec 25 soldats et s'empare de divers objets du culte, trouvés dans la chapelle, où un réfractaire disait la messe tous les jours.

(29) Oct.-Nov. 1795. L. de la Sicotière la place au 14 décembre 1795. Les dates varient selon les divers auteurs. L. de la Sicotière avoue que les auteurs « ne sont même pas d'accord sur la date à « laquelle elle aurait eu lieu ». Selon cet auteur, les chouans entrèrent dans le bourg tambour battant, vers 3 heures de l'après-midi. Moulin, avec 200 hommes, bloquait le bourg vers Saint-Patrice. Cent trente-deux volontaires et une trentaine de gardes nationaux s'étaient réfugiés dans une redoute palissadée, dans une maison de pierre et dans l'église, d'où ils ouvrirent sur les assaillants un feu meurtrier. Les chouans essayèrent d'enlever ces défenses en chargeant, mais ils ne purent réussir. Le feu mis à divers endroits n'eut pas d'effet. Billard reçut un coup de feu à l'épaule gauche. L'incendie dura plusieurs jours et dévora un grand nombre de maison. (L. de la SICOTIÈRE, T. I, pp. 351-352).

(30) 2 novembre 1795.

(31) Dans la nuit du dimanche 24 au lundi 25 janvier 1796.

(32) Jean Mérille naquit à Saint-Front, le 9 octobre 1775. Il appartenait à une assez riche famille. Son père était procureur en l'élection de Domfront et prenait le titre de sieur de la Haye. En 1793, il s'enrôla comme volontaire dans les armées de la République, mais deux ans après il désertait et passait aux chouans. Il prit le surnom de Bonbougre, de Beauregard et de Mérel. Après la mort de Rochambeau il fut commandant de la division de la Chapelle-au-Riboul. Il fit sa soumission à Domfront, en 1796, et fut amnistié, mais, en 1799, il recommença la guerre civile. Compromis dans l'affaire de Georges Cadoudal, en 1804, on lui reprocha ses crimes. Il fut condamné et exécuté. Billard, qui ne l'aime pas, en fait, à tort, un espion et un traître. Un autre frère de Mérille, qui avait pour surnom « Marianne », fut également officier dans l'armée de Frotté.

(33) 25 juin 1804.

(34) Février 1796.

(35) Cette affaire eut lieu le 7 ventôse (26 février 1796). Les chouans, rassemblés dans la forêt d'Andaines, essayèrent de prendre la ville de La Ferté-Macé. La ville ayant résisté, ils incendièrent la maison du capitaine Le Meunier de la Gérardière. Un prêtre assermenté, du nom de Le Gallois, fut tué au cours de l'attaque. Les chouans ne purent enlever les retranchements qui défendaient la ville. Le cadavre du curé Le Gallois fut mutilé, non par les chouans, mais par des femmes, qui lui coupèrent la tête et la jetèrent dans une marmite.

Une dizaine de jours après cette affaire, le 7 mars, les chouans s'emparèrent de Briouze. Selon L. de la SICOTIÈRE, T. I, p. 410, quelques habitants et quinze soldats se réfugièrent dans le château et s'y défendirent jusqu'à leur dernière cartouche. Ils perdirent 11 hommes et les chouans quelques-uns. Selon le même auteur, l'évaluation de 150 tués, du côté des chouans, est inadmissible.

(36) 6 mars 1796. Selon BILLARD, T. I, p. 213, les chouans étaient à peu près 6 contre 1. M. de Saint-Paul avait été averti de l'attaque, mais il n'avertit personne. Billard voulut tourner l'ennemi pour le prendre en flanc. A ce moment, de Saint-Paul se retira de l'action, laissant Billard avec 7 hommes. Quand il se vit seul, il fut forcé de faire retraite, en tiraillant de haie en haie. Il dit qu'il ne sait comment il se fût tiré d'affaire si, par un hasard providentiel, M. des Hautes-Noes ne se fût trouvé dans ces parages, avec la compagnie de La Violette, pour lui prêter main-forte. Dans cette affaire, de Saint-Paul perdit un homme, quant à Billard, il réussit à ramener ses hommes sains et saufs.

(37) Il s'agit ici d'Yvon, menuisier, et de Taburet, mercier, tous deux habitants du bourg de Passais.

(38) L'armée des Vendéens était forte d'environ 30.000 hommes. Ils entrèrent à Mayenne le 1er novembre, après avoir battu l'armée Républicaine à La Croix-Bataille, à Entrammes, à Château-Gontier et à Craon. Elle se dirigea sur Ernée, le 2, et, de là, sur Fougères, puis poursuivit sa marche sur Granville, qu'elle assiégea, sans succès, le 13.

A l'approche des Vendéens, la ville de Domfront se trouva bientôt remplie d'une foule indisciplinée et mal armée, de volontaires et de gardes nationaux. On ne savait où les loger, ni comment les nourrir, aussi les vivres furent promptement gaspillés. On en avait armés quelques-uns avec des piques, d'autres traînaient bravement des faulx.

Le 27 octobre, on convoqua toute cette foule sur la place de l'Hôtel-de-Ville, de façon à former plusieurs escadrons de cavalerie. Le lendemain, 28, une forte colonne fut envoyée à Mayenne. Caillebotte, l'aîné, en fit partie. Une portion de cette troupe fit retraite sur Alençon. croyant que les Vendéens se dirigeaient vers Caen. Une autre portion, dont faisait partie Caillebotte l'aîné, se dirigea sur Ernée et Fougères. Après un combat sanglant, entre Ernée et Fougères, la plus grande partie de cette troupe rentra à Domfront.

(39) Le matin du samedi 2 nivôse, on apprend que les Vendéens sont à Mayenne. Le Directoire ordonne aussitôt le transport des caisses publiques à Falaise et commande une escorte pour les protéger. On envoya donc à Falaise trois chariots couverts de bâches, qui contenaient les archives du Directoire, les caisses et pièces de comptabilité du receveur du district, du régisseur des domaines nationaux et du receveur de l'enregistrement. Ils étaient sous la surveillance de Ruault père, et de Lédemé-Bazeille. Il faut lire le récit très détaillé de cette émeute qui eut lieu à Flers, dans une petite brochure : W. CHALLEMEL. *Une émeute contre-révolutionnaire à Flers-de-l'Orne* (13 brumaire, an II), La Ferté-Macé, 1884, et L. de la SICOTIÈRE, T. I, p. 176-179.

A ce moment, la ville de Domfront, qui regorgeait de troupes quelques jours avant, se trouva être complètement démunie de soldats. Elle demanda donc une garde à Vire. La commune de Vire, sur les ordres de Garnier de Saintes, envoya 300 hommes. Cette troupe, à l'annonce de l'arrivée des Vendéens, fut prise de peur, ils se sauvèrent tous en sautant par les fenêtres. A la demande du procureur-syndic de la commune de Domfront, il fut dressé un très curieux procès-verbal, qui relate, avec beaucoup de détails, la conduite du détachement de Vire.

(40) *Neuf* « convaincus d'être chefs ou instigateurs de la dite « émeute contre-révolutionnaire qui a eu lieu à Flers, le treize bru- « maire », furent condamnés à mort.

(41) Ce furent Nicolas Mauviel et Louis Hamel.

(42) Vendredi 22 au samedi 23 avril 1796.

(43) Je noterai, ici, au passage, que l'office divin fut célébré pour la dernière fois, dans l'église Saint-Julien, le 14 février 1794. On lui donna, ensuite, le nom de Temple de la Raison. Cette église servit ensuite de magasin à fourrages.

(44) Frotté était cantonné dans les communes de Saint-Jean-des-Bois et d'Yvrandes ; il apprit que le général Mignotte, ayant avec lui les commandants Roulleaux et Toussaint, manœuvrait pour l'envelopper avec le 1er bataillon de Cambrai et le 3e bataillon des Vosges, alors en garnison à Domfront. Frotté n'avait avec lui qu'une centaine d'hommes. Il s'embusqua aux environs de la Vente-Henriet, dans un champ garni de bonnes haies. Trois charges à la baïonnette n'eurent pas plus de succès que les attaques de cavalerie et les feux de l'infanterie. Quand les chouans eurent épuisé leurs munitions, ils se retirèrent. Frotté resta seul avec 22 hommes pour protéger la retraite. La petite troupe reculait de haie en haie, lâchant, de temps en temps, un coup de fusil pour tenir en respect les bleus qui ne savaient à combien d'ennemis ils avaient affaire. Finalement, ils réussirent à se tirer. Cf. L. de la SICOTIÈRE, T. I, p. 330-331 Cet auteur note que « les « deux frères Caillebotte parlent de la fusillade de Saint-Jean, sans « attribuer aux bleus l'honneur de la victoire, ce qu'ils n'eussent pas manqué de faire si la rumeur publique se fût prononcée en ce sens ». !

(45) Le 2 février, alors que Frotté était cantonné à Landisacq, avec 600 hommes, il apprit qu'une colonne de 250 à 300 Républicains se dirigeait vers le bourg. Frotté envoie aussitôt Moulin avec quelques hommes pour simuler une attaque en reculant, pour attirer les bleus dans une embuscade. Cet ordre fut suivi de point en point, mais quand Moulin revint, le gros des chouans, pris de peur, s'était sauvé. Les arrivants, ayant déjà perdu quelques hommes, se dispersèrent indignés. Quelques autres, furieux, se tirèrent des coups de fusil. Ils furent séparés par leurs camarades et par l'arrivée des bleus. Ce fut dans cette affaire qui aurait pu être une victoire pour les chouans, que furent massacrés deux individus inoffensifs : Desjardins, voiturier, et Madeline-Pichardière, de Chanu. Caillebotte en parle, d'ailleurs, un peu plus loin. L. de la SICOTIÈRE, T. I, p. 389-390.

(46) Les bleus, sous le commandement de Durupt, s'étaient retranchés dans le cimetière et dans l'église. Les chouans s'abritèrent partout pour tirer, même dans les vieux ifs. Les bleus avaient avec eux des réfugiés, qui refusèrent de combattre. A la fin de cette sanglante affaire, les bleus se retirèrent en emmenant leurs morts et leurs blessés. Les chouans n'eurent que 4 blessés, dont Frotté. L. de la SICOTIÈRE, T. I, p. 386-387. BILLARD, T. I, p. 201, n'en dit pas plus long que Caillebotte sur cette affaire.

(47) L'affaire de Torchamp n'a jamais été éclaircie. Billard l'a racontée dans tous ses détails. Elle eut lieu le 29 septembre. Madame Doisnel avait invité Frotté à dîner avec ses hommes. Frotté s'y rendit, une nuit, avec une soixantaine de chouans, sans leur dire où il les emmenait. La pluie tombait à torrents et le temps était très noir. Ils furent reçus au château avec des démonstrations trop marquées pour être sincères. Je suis, ici, la relation de Billard (T. I, p. 151 et sq.). Madame Doisnel offrit de l'argent au général, puis elle lui dit : « Donnez-moi « vos armes, je vais les mettre dans un cabinet et en prendre la clef. « — Madame, répondit-il, nous ne nous séparons jamais de nos armes, « ce sont nos femmes, nous couchons avec elles. » Frotté ayant demandé à Billard de faire une patrouille, celui-ci vint lui rendre compte qu'il était impossible de sortir, à cause du mauvais temps. Les chouans avaient à peine commencé à manger que des coups de fusil leur montrèrent que le mauvais temps n'avait point empêché la troupe de Domfront de sortir. Les chouans réussirent à se sauver. On entend le cri ordinaire des bleus : « *Rends-toi, brigand, point de prisonniers* ». La nuit était tellement noire que les assaillants ne pouvaient se voir. Billard aperçoit une tête au-dessus d'une haie, il s'enfuit. N'entendant point tirer il revient et aperçoit un chien encore plus épouvanté qu'eux !!! Billard tombe ensuite dans un groupe d'hommes, il va tirer, une main prend la sienne ; c'était Frotté, et quelques-uns de ses compagnons. A ce moment, Billard propose chevaleresquement d'aller délivrer Madame Doisnel, mais le père Pascal (le Nestor du parti) fait observer que si cette dame vit encore, le retour des chouans va être le signal de son exécution. Les bleus, dans cette affaire, eurent trois blessés et quatre tués à la grande porte de la cour. Quant aux chouans, ils n'eurent ni tués ni blessés. Les chouans se retirèrent du côté de Céaucé, où ils arrivèrent vers 6 heures du matin. Quant à Madame Doisnel, elle fut emmenée par la troupe, à Domfront, fut poursuivie pour avoir donné asile aux chouans, mais un non-lieu lui rendit la liberté. Elle ne reparut plus dans le pays. Presque tous les historiens l'accusent formellement d'avoir voulu livrer Frotté.

(48) 22 octobre 1795. L. de la SICOTIÈRE, T. I, p. 348, ne donne aucun détail et place cette affaire à Céaucé. Il se borne à citer Caillebotte. Je ne trouve trace de cette affaire nulle part ailleurs. Il y a certainement une erreur de lecture d'un côté ou de l'autre.

(49) Doisnel de Montécot, qui avait épousé une des Vaux, laquelle habitait le château de Levaré (Mayenne).

(50) Dans la nuit du 26 avril 1796.

(51) Le vendredi 26 février 1796.

(52) Ceci fait double emploi avec ce qu'il en dit plus haut. Cf. Notes 34 et 35.

(53) Ces calculs, comme le fait très justement remarquer L. de la Sicotière, sont tout à fait hypothétiques. Son frère, A. Caillebotte, évalue à 2.000 le nombre des paysans qui périrent dans les 100 communes du district de Domfront. D'une source à l'autre, dès qu'il s'agit de chiffres, les renseignements varient.

(54) A. Rubesnard, en Mantilly, la colonne mobile du Teilleul tombe dans une embuscade et perd un homme. En se retirant, elle emmène prisonniers Madame de Rubesnard et deux déserteurs.

(55) Mercredi 16 octobre 1799.

(56) Dimanche 20 octobre 1799.

(57) Lundi 5 janvier 1801.

(58) Janvier-février 1801. Cela contraste un peu avec ce qu'écrivait Barbotte, sous-préfet de Domfront, au préfet de l'Orne, le 1er octobre 1802 : « *La tranquillité la plus parfaite règne dans l'arron-« dissement. Depuis plus d'un an, il ne s'y est pas commis un seul délit « assez grave pour excéder la compétence du tribunal correctionnel.* »

(59) 24 janvier 1799. Petite escarmouche sans importance.

(59 bis) Esmond-Nicolas Madeleine (dont la famille obtint plus tard l'autorisation de s'appeler Madeline), fut tué le 17 messidor an VII, avec Françoise Constantin, sa belle-sœur, et Jean Yver. Les chouans mirent d'abord le feu à sa maison, puis pénétrèrent en brisant les fenêtres, pendant que l'incendie accomplissait son œuvre. Tous ceux qui ne réussirent pas à s'enfuir furent fusillés. Cf. *A. DUPONT, La Chouannerie à Montsecret,* Flers, 1927, p. 17 et sq.

(60) C'est le commandant Hyacinthe Louvet-Lamothe. Il demeurait à Montsecret. Il avait mis à l'ordre du jour que tout militaire qui se laisserait désarmer par les chouans sans leur résister serait fusillé. Moulin, dans l'intention de faire un exemple, voulut le désarmer. Il réunit alors 4 compagnies, ce qui pouvait faire un effectif de 200 hommes. Les chouans entourèrent la maison de Louvet, qui était chez lui, avec sept hommes de la garnison de Tinchebray et son neveu. Moulin lui fait sommation de se rendre. Louvet répond par une décharge qui tue un des chouans et sa propre nièce qui passait à ce moment sur la route. Moulin, voyant que Louvet était décidé à se défendre jusqu'à la mort, place 50 hommes autour de sa maison et en embusque 150 autres sur la route qui conduit à Tinchebray, de façon à défendre le passage de la rivière du Noireau, puis envoie environ 25 hommes tirer quelques coups de feu sur Tinchebray, pour empêcher la garnison de sortir. Une partie de la garnison de Tinchebray sortit au bruit de la fusillade, pour venir du côté de Montsecret, mais voyant le passage gardé, elle rebroussa chemin sans tirer un coup de fusil.

Après avoir fait sommation, à plusieurs reprises, à Louvet de se rendre, Moulin fit incendier sa maison et engagea sa femme à sortir avec ses enfants, ce qu'elle fit alors que la maison était en flammes.

A ce moment, Louvet était resté seul vivant. Quelque temps après, les planchers tombèrent. Louvet, menacé d'être brûlé vif, fut obligé de sortir. Il parut à la porte avec un fusil à deux coups dans chaque main ; à ce moment il tomba criblé de balles. L'attaque de sa maison avait duré 9 heures. Les chouans aidèrent ensuite les habitants de Montsecret à éteindre l'incendie qui menaçait de gagner leurs maisons. Cf. *Mémoires de Michelot MOULIN* sur la Chouannerie Normande, pp. 19, 20, 21, Paris, Picard, 1893. Un récit de cette attaque fut publié par Jules TIRARD (Jules Lecœur), dans le *Moniteur du Calvados*, en 1875, et réimprimé dans le *Courrier de l'Ouest*, qui paraissait à Alençon, le 13 avril 1876.

Selon L. de la SICOTIÈRE, T. I., p. 121, Moulin aurait donné à la femme de Louvet, sa parole de ne pas tuer son mari. Moulin ne fait nulle allusion à cette promesse.

(61) Le 24 vendémiaire (16 oct.), le détachement de Couterne, environ une soixantaine d'hommes, fut attaqué par environ 500 chouans. Ils se retranchèrent dans leur caserne. Celle-ci ayant été incendiée, ils sortirent et se retranchèrent dans une autre maison. Cette maison ayant encore été incendiée, ils se retranchèrent à nouveau dans une autre maison. Ayant perdu près de la moitié de leur effectif, ils demandèrent à se rendre. Le premier chouan qui entra dans la maison fut tué. Frotté menaça de les fusiller tous s'ils ne livraient le meurtrier. Ils désignèrent le sergent Michel Radigue, de la Sauvagère, qui fut fusillé. Les autres furent relâchés sous promesse, par serment, de ne plus servir contre les royalistes. Cf. *Mémoires de Michelot MOULIN*, pp. 133-134, et L. de la Sicotière, T. II, pp. 313-314.

(62) 17 Thermidor (4 août 1799). Un détachement de Tinchebray et des patriotes s'étaient réfugiés dans une auberge de Montsecret. On se fusilla des deux côtés. Toujours intrépide, Billard voulut arrêter un bleu qui s'échappait. Celui-ci, se retournant, lui lâcha son coup de fusil à bout portant. L'os iliaque fut entamé, une partie de la boucle du ceinturon se perdit dans la blessure, une des balles sortit, mais l'autre resta dans le bassin. Malgré ses blessures, Billard voulut remonter sur son cheval. Il retourna à la maison assiégée et ordonna d'y mettre le feu pour la réduire. On emmena Billard à Cerisy-Belle-Etoile, puis dans un village voisin, à la Sellerie, où on lui fit une cache. Cf. BILLARD, T. I, p. 345 et sq.

(63) Il ne faut pas confondre cet individu avec Le Herpeur des Moulins, sous-lieutenant de la garde nationale de Domfront en 1793, un des membres les plus actifs du Comité révolutionnaire de Domfront. Après avoir appréhendé un grand nombre de suspects, il fut lui-même incarcéré du 12 juin au 6 août.

(64) En septembre 1794, le district de Domfront demanda un bataillon pour la ville chef-lieu et deux compagnies pour la ville et le canton de Tinchebray. Hoche les accorda.

(65) 1800.

(66) En 1794, dans toute la Basse-Normandie, on inaugura un nouveau système de défense, en éparpillant les troupes par détachements de 30 à 60 hommes.

Au Châtellier, on mit deux détachements de la 61e 1/2 brigade, le camp faisait face à la forêt d'Halouze. On établit, en outre, des camps sur le Mont-Margantin, en Céaucé ; à la Ronnerie ; à La Ferté-Macé ; à Tessé ; au Val-de-Préaux en Saint-Cornier ; aux Hautes-Hayes, etc..., etc... Sur toute cette organisation, consulter L. de la SICOTIÈRE, T. I, p. 220 et sq.

(67) Ces deux assassinats eurent lieu après l'affaire de Landisacq. Cf. plus haut, note 45.

(68) Les serments imposés aux ecclésiastiques, pendant la période révolutionnaire furent assez nombreux :

1° Serment schismatique, imposé par décret du 27 nov. 1790. Je jure de veiller avec soin sur les fidèles du diocèse ou de la paroisse qui m'est confiée, d'être fidèle à la nation, à la loi ou au Roi, et de maintenir de tout mon pouvoir la Constitution décrétée par l'Assemblée Nationale et acceptée par le Roi.

2° Serment dit de Liberté-Egalité, prescrit par décret du 14 août 1793 : Je jure d'être fidèle à la Nation et de maintenir la Liberté et l'Egalité ou de mourir en les défendant.

3° 29 sept. 1795, obligation de faire, devant l'administration municipale, la déclaration suivante : Je reconnais que l'universalité des citoyens français est le souverain et je promets soumission et obéissance aux lois de la République.

4° 9 mars 1796, serment dit de haine à la Royauté, imposé à tous les fonctionnaires.

5° 25 oct. 1797, serment de haine à la Royauté et à l'anarchie ;

6° 30 juill. 1799, serment civique.

Le serment pur et simple fut prêté par le curé de Domfront, M. Le Tourneur de la Vannerie et par son vicaire Lepetit. Le Bassac, supérieur et principal, Jourdan, préfet ; Huen-Dubourg, professeur de théologie, Beaucier, professeur de 3e et 4e ; Titard, professeur de 5e, 6e et 7e, prêtèrent le serment avec des restrictions inconstitutionnelles.

(69) Massacré dans le cimetière de Saint-Denis-de-Villenette, en mai 1796.

(70) Guillaume Moulin, peut-être parent de Michelot Moulin, ancien vicaire à Fresnes, fusillé au Haut-Hamel, en Saint-Jean-des-Bois, le 30 octobre 1799.

(71) Lambert-Coupellière, officier municipal de la commune de Saint-Mars-d'Egrenne, avait deux fils réfractaires. Il prend un jour une troupe de républicains pour des chouans, les accompagne, leur donne des armes, leur indique les royalistes chez lesquels ils trouveront asile, etc., etc... Le sergent qui commandait la patrouille, du nom de Mathieu, fait son rapport. Lambert-Coupellière est arrêté. Un républicain se porta caution pour lui et il fut relâché quelques jours après. (*Registre du Comité de Surveillance de Domfront*).

(72) La relation de la mort de Bouvet, notaire et maire de Saint-Roch, a été donnée dans tous ses détails, par L. CHAMBAY, *Anecdotes sur la Chouannerie dans le Passais*, Domfront, Gaigé, 1894, p. 32 et sq. Il fut fusillé le 27 février 1796 par la colonne mobile, commandée par

Toussaint, à l'Hôtel-Soulard. L'acte de décès, très curieux, porte la déclaration de deux témoins qui disent avoir trouvé le corps de Bouvet « *lequel nous a paru avoir été tué par accident* ».

(73) Quatre frères de ce nom servirent dans les chouans. L'un d'eux était capitaine de la compagnie de la Chapelle-Biche. Il fut tué et remplacé par son frère Victor. C'étaient les frères Le Tellier-Jenvrin. Cf. BILLARD, T. I., p. 343 et T. II., p. 226.

(74) Jacques Tablet, curé de La Lande-Patry, voulut prêter le serment, mais avec des restrictions. Le maire, Gervais-Dumesnil, le refusa. Le 3 mars 1796, il fut arrêté à Landisacq par la colonne mobile de Domfront. Il passa la nuit dans la prison de Tinchebray. Le lendemain, en le dirigeant vers Domfront, on s'arrêta à Préaux, où on le fusilla. Il fut inhumé dans le cimetière. Pendant la nuit, ses paroissiens vinrent déterrer son corps et l'emmenèrent à La Lande-Patry, où ils l'inhumèrent au pied de la croix du cimetière.

(75) Billard s'est étendu très longuement sur cette affaire. (T. I., p. 318 et sq.). L. de la SICOTIÈRE cite textuellement Billard.

Billard fut prévenu, vers les 6 heures, que l'administration forestière de Domfront était dans la forêt avec tous ses gardes. Il réunit ses 25 hommes et vint à leur rencontre. On lui cria plusieurs fois : « Qui vive ? » il répondit, à la fin : « France ». Quel bataillon « » demanda-t-on. « Colonne mobile de Briouze », répond Billard, persuadé qu'ils n'en connaissaient pas le nouveau commandant. L'on cria : « Halte à la troupe, l'officier à l'ordre ». A ce moment, le garde général, M. Bougiard, s'avança à dix pas de Billard, avec son mousqueton garni d'argent. A ce moment, Billard s'écria, du plus haut qu'il put : « Par la droite et par la gauche, en bataille ! cernez ! » Tous les gardes se découvrirent alors, en criant : « Nous sommes des vôtres ». Mais Billard répondit : « Je ne suis pas Républicain, mais Royaliste, rendez-vous ». Leur réponse fut une décharge qui blessa sept chouans. Billard, dans cet instant, commanda : « S... n... d... D..., ne tirez pas : la baïonnette en avant ! pas de prisonniers ! » Tous les chouans sautèrent dans l'embuscade qui était prise à revers par le lieutenant de Billard. Pendant ce temps, Bougiard tenait Billard en joue. Un chouan voyant cela le met en joue, le coup ne part pas ; il réamorce et tire à nouveau, la balle lui traverse la poitrine, sous les deux bras. Il se replie sur son embuscade et tombe mort en arrivant.

Les chouans trouvèrent deux morts dans l'embuscade, plusieurs blessés, huit chevaux équipés et le dîner des hommes... Un chouan, Joseph Maunoury, fouilla Bougiard, lui prit sa bourse, sa tabatière et sa boucle d'argent et les remit à un prisonnier en lui disant : « Vous devez connaître sa famille, vous lui remettrez cela. » A Prise-Pontin, Billard renvoya tous les prisonniers sans leur faire de mal.

(76) Ces deux déserteurs s'étant éloignés de la colonne, pour affaire de service, furent pris de Vaucé. Ils furent conduits à Domfront, jugés aussitôt et condamnés à mort. « En allant au supplice, il (Grain-« dorge) dit à un des soldats chargé de cette corvée, qui avait la pipe « à la bouche : Grenadier, prête-moi ta pipe, on m'a volé la mienne, « hier. Le grenadier la lui prêta ; il fuma jusqu'à l'endroit où il devait

« terminer une vie entièrement consacrée au service de son roi. Arrivé « au lieu fatal, il la rendit à ce soldat, en lui disant : c'est le dernier « service que je recevrai des hommes ; je te remercie. On voulut lui « bander les yeux. Non, dit-il, la mort ne me fait point peur ; la seule « grâce que je vous demande, dit-il à l'officier, c'est de me laisser « commander le feu, et à vous, soldats, de ne pas me faire souffrir. « Tous répondirent... tu es trop brave, mets-toi à genoux. — Non, « répondit-il, je mourrai debout. Ensuite il ouvrit son gilet, et, leur « montrant sa poitrine, c'est là, mes camarades, qu'il faut frapper. « — Crie. Vive la République ! lui dit quelqu'un ; son camarade cria « en se mettant à genoux, mais Graindorge lui donna un soufflet, « le releva en lui disant : Meurs à mon exemple... Vive le roi ! Gre- « nadiers, garde à vous ; apprêtez vos armes... feu ; il tomba mort du « premier coup, qui lui traversait le cœur, et le malheureux Paillard « en reçut sept. » (BILLARD, T. II, pp. 186-187.)

Selon une relation manuscrite, que j'ai entre les mains, il aurait ajouté : « J'ai fait couler assez de sang ! c'est bien à mon tour d'y « passer. »

Graindorge était capitaine d'une compagnie de la division d'Ambrières, sur la droite de la Grette, qui s'étendait jusqu'à Domfront et embrassait les paroisses de Saint-Front, Torchamp, Avrilly, etc., etc.

(77) La ville était hostile aux chouans. L. de la Sicotière raconte (T. II., p. 701, note 2), qu'on aurait enlevé l'épée de l'un des officiers et que l'on aurait uriné dans le fourreau.

G. HUBERT.

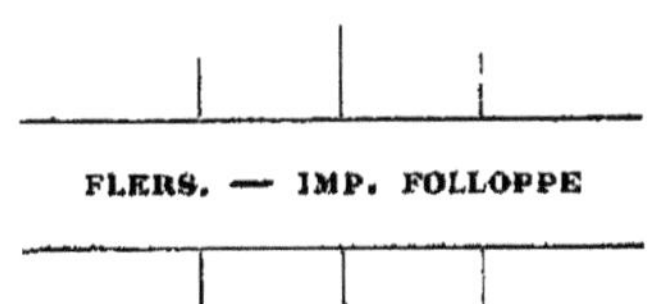

FLERS. — IMP. FOLLOPPE

www.ingramcontent.com/pod-product-compliance
Ingram Content Group UK Ltd.
Pitfield, Milton Keynes, MK11 3LW, UK
UKHW020404220726
13923UKWH00004B/1727